cocina rápida y fácil
para adelgazar

Estilo DONNA HAY
Fotografía WILLIAM MEPPEM

TRIDENT
PRESS
INTERNATIONAL

Introducción

Hay muchos libros que ofrecen recetas con las calorías (kilojulios) contadas a los que se preocupan por su peso, y que brindan consejos sobre cómo perder peso. Pero muy pocos que obsequien a los que desean adelgazar con un menú completo para la comida diaria. Las recetas de este volumen están presentadas como comidas principales completas, que quienes cocinan en casa hallarán suficientemente satisfactorias para la familia entera. Este libro prueba que adelgazar y comer sano no es algo necesariamente aburrido ni significa que se deban abandonar las comidas étnicas. El secreto consiste en adaptar las recetas cuando sea necesario o buscar las opciones bajas en grasas en sus gastronomías favoritas.

Publicado por:
TRIDENT PRESS INTERNATIONAL
801 12th Avenue South, Suite 400
Naples, Fl 34102 USA
Tel: + 1 239 649 7077
Fax: + 1 239 649 5832
Email: tridentpress@worldnet.att.net
Sitio web: www.trident-international.com

cocina rápida y fácil
para adelgazar

Gerente de producción: Anna Maguire
Fotografía: William Meppem
Estilo y comida: Donna Hay
Realización de recetas: Donna Hay

TRADUCCIÓN AL ESPAÑOL
Coordinación general: Isabel Toyos
Traducción: Marcela Solá
Adaptación de diseño: Mikonos, Comunicación Gráfica
Corrección y estilo: Aurora Giribaldi y Marisa Corgatelli

Incluye índice
ISBN 1 58279 436 7
EAN 9 781582 794365

Edición impresa en 2003

Impreso en Colombia

ACERCA DE ESTE LIBRO

ANÁLISIS NUTRICIONAL

Cada receta ha sido analizada por computadora para establecer sus kilojulios (calorías), y su contenido de grasas, fibras y carbohidratos y ha sido clasificada de acuerdo con las siguientes pautas:
Grasas (g por porción) - menos de 5 g: bajo; 5 a 10 g: medio; más de 10 g: elevado.
Fibras (g por porción) - más de 4 g: elevado; 2 a 4 g: medio; menos de 2 g: bajo.

NOTA SOBRE LA LECHE

Tipos de leche similares pueden tener diferentes denominaciones en distintas áreas, pero todas las leches llevan en su envase la información nutricional necesaria para decidir qué tipo conviene comprar.
La leche descremada está virtualmente desprovista de grasas y colesterol, pero conserva un contenido completo de calcio, proteínas y minerales. Es la que aporta la menor cantidad de grasas y kilojulios (calorías).
La leche modificada baja en grasas posee una proporción de grasas similar a la de la leche descremada, pero contiene agregados de calcio, proteínas y lactosa. Esto le otorga un sabor más rico que el de la leche descremada. La leche modificada reducida en grasas tiene la mitad de grasas y colesterol que la leche normal, pero su sabor es más cremoso. Para reducir al mínimo el contenido de grasas y los kilojulios (calorías) de las recetas, en este libro se utiliza leche descremada o modificada baja en grasas.

En la mayoría de los casos se pueden reemplazar por la leche modificada reducida en grasas, pero debe recordarse que en tal caso el contenido de grasas y los kilojulios (calorías) serán más elevados.

ALIMENTOS EN LATA

El tamaño de las latas varía según los países y las marcas. Puede ocurrir que las cantidades citadas en este libro difieran ligeramente de las de aquellas que usted consiga. Compre y use latas del tamaño más cercano al que se sugiere en la receta.

¿CUÁNTO MIDE UNA CUCHARADA?

Las recetas de este libro fueron probadas con cucharas de 20 ml. Todas las medidas son al ras.
En países donde son más comunes las cucharas de 15 ml, la diferencia será irrelevante en la mayoría de las recetas. En las que llevan polvo para hornear, gelatina, bicarbonato de sodio o pequeñas cantidades de harina o almidón de maíz, conviene añadir una cucharadita a cada una de las cucharadas que se indiquen.

Los asteriscos (*) indican que la receta está incluida en este libro. Las que carecen de asterisco se mencionan a modo de sugerencias.

Contenido

PLAN PARA PERDER PESO

Quien desee adelgazar sensatamente no sólo contará los kilojulios (calorías) sino que considerará asimismo qué comidas desea elegir. No todos los kilojulios (calorías) son iguales; por ejemplo, 1 g de grasa aporta 38 kilojulios (9 calorías), mientras que 1 g de carbohidratos suministra 16 kilojulios (4 calorías). Además, el cuerpo procesa los alimentos de manera diferente. Las comidas ricas en carbohidratos, por ejemplo, requieren gran cantidad de energía para convertirse en grasa en el cuerpo y estimulan el metabolismo al igual que lo hace el ejercicio. Al contrario, las comidas ricas en grasas necesitan muy poca energía para convertirse en grasa corporal y se introducen con facilidad dentro de las células grasas. Un plan para perder peso debería apuntar a una ingesta baja de grasas y alta de fibras y carbohidratos.

La mayoría de las comidas son una combinación de proteínas, grasas y carbohidratos en cantidades variables. Para propósitos de clasificación, sin embargo, se las define según el nutriente que contienen principalmente: grasas, proteínas o carbohidratos.

Esta guía lo ayudará a diseñar un plan de comidas que se adecue a sus necesidades y estilo de vida.

COMIDAS DE CONSUMO LIBRE

El término "libre" se usa para aquellas comidas que prácticamente no proveen energía y son muy buenas para saciar un estómago vacío. Pueden ser consumidas en cantidades ilimitadas.
Las comidas libres incluyen las siguientes:
Vegetales frescos excepto papas, legumbres y maíz dulce
Algunas frutas tales como fresas, ruibarbo, fruta de la pasión, limones y limas
Jugo de limón, lima, jitomate y vegetales
Bebidas de bajo o nulo contenido kilojúlico calórico tales como té, café, agua, agua mineral y bebidas sin alcohol dietéticas
Condimentos como hierbas y especias
Salsa de soja, salsa de jitomate y salsa inglesa
Jaleas de frutas, mermeladas y chutneys bajos kilojulios calorías
Levadura de cerveza seca virgen
Aliños para ensalada sin aceite
Gelatina bajas calorías

COMIDAS CON CARBOHIDRATOS

A excepción de la leche y el yogur, los carbohidratos se encuentran principalmente en los vegetales. Existen dos tipos de carbohidratos: el almidón y los azúcares naturales. Los carbohidratos que liberan la energía lentamente (almidones) tienden a saciar más y ayudan a controlar el apetito. Aquellos ricos en fibras son mejores y se los debe elegir en primer lugar siempre que sea posible. Les ayudarán asimismo a cumplir los requerimientos diarios de fibras.

Se debe incluir por lo menos dos porciones de carbohidratos en cada comida principal y si les gustan los bocadillos, se deben incluir una o dos porciones de los carbohidratos necesarios como bocadillo. Con el fin de aprovechar al máximo el efecto de los carbohidratos, distribúyalos equitativamente a lo largo del día; esto asegura una distribución equilibrada de alimentos que proveen energías. Asimismo mantiene los glucógenos almacenados en el nivel necesario.

Como guía, una porción de carbohidratos equivale a:
1 rebanada de pan
$^{1}/_{2}$ panecillo
$^{1}/_{2}$ pan árabe pequeño
2-4 bizcochos crakers o tostadas
2 bizcochos solos
30 g/1 oz de cereal para desayuno
90 g/3 oz de arroz o pasta cocidos
1 papa mediana
125 g/4 oz de puré de papa
$^{1}/_{2}$ elote
90 g/3 oz de granos de maíz dulce
90 g/3 oz de legumbres cocidas (lentejas, garbanzos o frijoles colorados)
1 manzana, plátano, durazno o naranja
20 uvas medianas
4 chabacanos
3 mandarinas o ciruelas
220 g/7 oz de ensalada de fruta fresca
$^{1}/_{2}$ taza/123 ml/4 oz de jugo de fruta
1 taza/250 ml/8 fl oz de leche descremada, baja en grasas o reducida en grasas
1 taza/200 g/6 $^{1}/_{2}$ oz de yogur bajo en grasas
1 $^{1}/_{2}$ bocha/75 g/2 $^{1}/_{2}$ oz de helado bajo en grasas
Consumo diario recomendado:
Mujeres: 8-10 porciones;
hombres: 10-12 porciones
Nota: 1 porción de carbohidratos = 15 g

FIBRAS

Una dieta alta en fibras resulta beneficiosa para los que intentan adelgazar, ya que demora el vaciamiento del estómago, y permite sentirse saciado por un período de tiempo más prolongado. Otros beneficios importantes asociados con una adecuada ingesta de fibras solubles incluyen la reducción del nivel de colesterol y un mejor control de los niveles de azúcar en la sangre (particularmente beneficioso para los diabéticos). Entre las mejores fuentes de fibra soluble se cuentan la avena en hojuelas, legumbres como frijoles y chícharos secos, las lentejas y la fruta.

Los beneficios adicionales asociados con el componente no soluble de la fibra incluyen la prevención de la constipación y de algunos cánceres de intestino y de pecho. Las mejores fuentes son vegetales, frutas secas, semillas, frutas y granos como trigo, arroz, cebada, maíz y centeno. Para asegurarse una ingesta equilibrada, tanto de fibra soluble como no soluble deben consumirse una variedad de comidas cada día. Con el fin de prevenir la deshidratación, recuerde beber de 6 a 8 vasos (1,5-2 litros) de líquido por día, cuando cumple una dieta que incluye una ración adecuada de fibras.

Consumo diario recomendado: 25-30 g

PROTEÍNAS

Los países desarrollados consumen generalmente mayores cantidades de lo que requiere el cuerpo. Ingerir cantidades menores de proteínas ayudará a reducir la ingesta de energía y grasas así como el peso. El cuerpo requiere sólo 40 g de proteínas por día; esto equivale a 125 g/4 oz de carne de res magra más 45 g/1 ½ oz de queso.

Como guía, 1 porción de proteínas equivale a:
30 g/1 oz de carne magra cocida (cordero, res, cerdo o ternera)
30 g/1 oz de pollo magro o pavo cocido (sin piel)
45 g/1 ½ oz de pescado fresco o congelado
2 tajadas finas de jamón reducido en grasas y en sal
1 lámina de salmón ahumado
45 g/1 ½ oz de salmón, atún, caballa o cangrejo en lata, al natural
5 langostinos, almejas u ostiones, grandes
12 ostras crudas
3-4 sardinas en lata
30 g/1 oz de queso cottage o ricota bajos en grasas
30 g/1 oz de queso cheddar reducido en grasas
1 huevo
Consumo diario recomendado:
4-5 porciones = 100-200 g/3 ½-6 ½ oz
Comida principal = 3 porciones – 90-125 g/3-4 oz
Almuerzo = 1-2 porciones – 30-60 g/1-2 oz

GRASAS

Cuanto menos grasas se ingieran, mejor. Todas las grasas engordan por igual pero su efecto en la salud del sistema circulatorio es diferente. Las grasas monoinsaturadas y poliinsaturadas son preferibles ya que ayudan a disminuir los niveles de grasa en la sangre y por lo tanto el riesgo de enfermedades del corazón y los vasos sanguíneos.

Como guía, 1 porción de grasas equivale a:

1 cucharadita de manteca, margarina, aceite o tahini
⅛ aguacate
1 lonja de beicon magro
1 cucharada de crema
1 cucharada de aliño para ensalada
5 aceitunas pequeñas
Consumo diario recomendado: No más de cuatro porciones (20 g/¾ oz)

EJERCICIO

En cualquier dieta para adelgazar o para un estilo sano de vida, debe incluirse el ejercicio. Una dieta reducida en grasas y alta en carbohidratos previene el aumento de peso y de grasa, mientras que el ejercicio ayuda a removerlos. Una de las razones por las que se vuelve a ganar peso es que una ingesta de alimentos demasiado estricta hace descender el metabolismo del cuerpo, y de esta manera fracasa en su propósito de reducir la ingesta de energía con el fin de perder peso. Sin embargo, si la ingesta de energía (alimento) se reduce de manera modesta y se le añade ejercicio, entonces el metabolismo no descenderá.

Existen tres tipos de actividad en los que se utiliza la energía:
1 Índice metabólico basal (en reposo) (IMB). Es la cantidad de energía consumida por el organismo en reposo y representa el 70% de la energía utilizada. Para perder peso es importante aumentar el IMB y el ejercicio es uno de los factores claves para lograrlo.
2 Efecto térmico del ejercicio. Es la energía que se gasta al usar los músculos: ejercicio físico. Ésta es la segunda mayor parte del gasto diario de energía y representa el 20% de la energía utilizada.
3 Efecto térmico del alimento. Es la energía que se utiliza para digerir la comida. Dado que la cantidad de carbohidratos aumenta y la ingesta de grasas disminuye, el efecto térmico aumenta, de allí lo conveniente de un plan de comidas bajo en grasas y alto en carbohidratos.

Elija un ejercicio que usted disfrute, que se adapte a su estilo de vida y que pueda mantener 30 minutos o más, por vez. Caminar es una de las formas más fáciles y populares de hacer ejercicio.

Antes de comenzar un programa de ejercicios hágase un chequeo médico y recuerde que si no está acostumbrado a hacer ejercicio no lo exagere en un comienzo.
Ejercicio semanal mínimo recomendado: tres sesiones de por lo menos 30 minutos.

Sabores de Oriente

En tiempos recientes, las cocinas orientales se han vuelto cada vez más populares. No sólo por sus estupendos sabores naturales sino también porque varios de sus platillos se adaptan fácilmente a nuestros estándares de comida más saludables. Esta selección de recetas demuestra precisamente qué fácil les resultará experimentar los atrayentes sabores del Oriente a los que deseen perder peso o se preocupen por su salud.

BOCADILLOS THAI DE PESCADO CON CHILE

260 kilojulios/62 calorías por unidad – fibras: bajo; grasas: bajo; carbohidratos: insignificante

500 g/1 lb de filetes de pescado blanco y firme, sin espinas
2 chiles rojos frescos, picados
2 ramos de hierba limón fresca, picada fina, o 1 cucharadita de hierba limón seca, hidratada en agua caliente
2 cucharadas de cilantro fresco picado
1 cucharada de jengibre fresco rallado fino
2 cucharaditas de comino molido
1 cucharadita de cáscara de lima rallada fina
1 clara
salsa de chiles dulces

1   Colocar en una procesadora el pescado, los chiles, la hierba limón, el cilantro, el jengibre, el comino, la cáscara de lima y la clara y procesar hasta obtener una mezcla pareja.

2   Tomar 3 cucharadas de la mezcla y formar bocadillos redondos y aplanados.

3   Calentar una sartén antiadherente a fuego mediano, agregar los bocadillos y cocinar 2-3 minutos de cada lado o hasta que estén dorados y cocidos.

Sugerencia para servir: servir caliente con salsa de chile para mojar.

8 unidades

Cocinar en microondas el arroz para acompañar las comidas orientales no ahorra tiempo, pero garantiza un resultado perfecto sin cacerolas sucias al final. Encuentre las instrucciones en la página 60.

PESCADO AL HORNO MARINADO

851 kilojulios/203 calorías por porción – fibras: bajo; grasas: bajo; carbohidratos: bajo

Temperatura del horno
180°C, 350°F, Gas 4

4 pescados pequeños indicados para hornear, enteros, limpios y sin escamas
8 hojas de lima kaffir
8 rodajas finas de limón

MEZCLA DE ESPECIAS Y HIERBAS

4 cebollas de rabo, en fina juliana
2 chiles verdes frescos, picados
3 cucharadas de albahaca fresca cortada en hebras
2 cucharadas de cilantro fresco picado
1 cucharada de semillas de comino
4 cucharadas de chutney de mango
2 cucharadas de salsa de soja reducida en sal

1   Enjuagar los pescados con agua fría y secarlos con papel absorbente. Disponer 2 hojas de lima y 2 rodajas de limón en la cavidad de cada uno y ubicarlos en una asadera forrada con papel encerado.

2   Para la mezcla de especias, combinar dentro de un bol las cebollas de rabo, los chiles, la albahaca, el cilantro, las semillas de comino, el chutney y la salsa de soja.

3   Distribuir la mezcla en ambos lados de cada pescado y hornear 30 minutos o hasta que la carne se separe al probar con un tenedor.

4 porciones

Para lograr un sabor auténtico, procure usar albahaca thai.

*Páginas anteriores: Verduras chinas al vapor, Pescado al horno marinado, Arroz jazmín al vapor
Derecha: Bocadillos thai de pescado con chile*

VERDURAS CHINAS AL VAPOR

522 kilojulios/124 calorías por porción – fibras: elevado; grasas: bajo; 1 porción de carbohidratos

315 g/10 oz de brócoli chino (gai lum),
picado
250 g/8 oz de bok choy (acelga china),
picado
155 g/5 oz de ejotes cordón o comunes,
picados
2 cucharadas de jengibre fresco rallado
grueso
¹/₃ taza/90 ml/3 fl oz de salsa de ostras
1 cucharada de miel
2 cucharadas de semillas de ajonjolí

1   Disponer el brócoli, el bok choy y los
ejotes en una vaporera sobre agua hirviente
y cocinar al vapor hasta que resulten de un
verde brillante y tiernas.

2   Colocar el jengibre, la salsa de ostras
y la miel en una cacerola a fuego moderado,
llevar a hervor suave y cocinar 1 minuto.
Para servir, acomodar las verduras en una
fuente, rociar con la salsa y esparcir encima
las semillas de ajonjolí.

4 porciones

El brócoli chino (gai lum)
es una popular verdura
asiática. Tiene hojas de
color verde oscuro y tallos
firmes, con pequeñas flores
blancas. Aunque todas
esas partes sirven para
cocinar, los tallos son
más apreciados. Para
prepararlo, separe las hojas
de los tallos, pélelos y luego
pique todo junto.

Como broche refrescante
y saludable para una
comida oriental, sirva
un plato de fruta fresca
de estación, refrigerada.

POLLO CON AJONJOLÍ Y MIEL

1009 kilojulios/240 calorías por porción – fibras: bajo; grasas: medio; 1 porción de carbohidratos

1 cucharadita de aceite de ajonjolí
2 cebollas picadas
2 cucharaditas de jengibre
fresco rallado fino
2 pechugas de pollo deshuesadas, picadas
1 cucharada de semillas de ajonjolí
4 cucharadas de salsa
de soja reducida en sal
2 cucharadas de miel

1 Calentar el aceite en una sartén
antiadherente o en un wok a fuego alto,
agregar las cebollas y el jengibre y saltear
4 minutos o hasta que las cebollas estén
tiernas.

2 Añadir el pollo y saltear hasta que se
dore. Incorporar las semillas de ajonjolí,
la salsa de soja y la miel y saltear 4 minutos
más o hasta que el pollo esté tierno.

4 porciones

FIDEOS DE SOJA CON VERDURAS

1437 kilojulios/342 calorías por porción – fibras: elevado; grasas: bajo; 4 porciones de carbohidratos

Los fideos hokkien son
frescos, de huevo, y están
disponibles en algunos
supermercados y en
tiendas de comestibles
orientales. Algunos fideos
contienen aceite, por eso
se aconseja consultar la
etiqueta para conocer
el contenido de grasas
y elegir la marca que
anuncie el más bajo.

315 g/10 oz de fideos hokkien
6 chalotes, picados
1 diente de ajo, machacado
185 g/6 oz de brócoli, picado
125 g/4 oz de comelotodos
1 pimiento rojo, picado
$^1/_3$ taza/90 ml/3 fl oz de vino blanco seco
3 cucharadas de kechap manis
2 cucharadas de salsa hoisin

1 Colocar los fideos en un bol, cubrirlos
con agua caliente y separarlos con un
tenedor. Dejar reposar 5 minutos, luego
escurrir y reservar.

2 Calentar una sartén antiadherente o un
wok a fuego alto, añadir los chalotes y el ajo
y saltear 2 minutos. Agregar el brócoli, los
comelotodos, el pimiento, el vino, el kechap
manis y la salsa hoisin y saltear 3 minutos.
Incorporar los fideos y cocinar 2 minutos
o hasta que los fideos estén tiernos y los
vegetales, crujientes. Servir de inmediato.

4 porciones

*Fideos de soja con verduras,
Pollo con ajonjolí y miel*

El papel de arroz oriental se elabora con una pasta de arroz molido y agua, prensada en forma de discos y secada. Cuando se humedecen, las láminas rígidas se tornan flexibles. Se vende, en envases herméticos, en tiendas de comestibles orientales.

ARROLLADOS DE PAPEL DE ARROZ

94 kilojulios/22 calorías por unidad – fibras: bajo; grasas: no contiene; 0,3 porción de carbohidratos

12 discos de papel de arroz oriental

RELLENO DE VEGETALES

60 g/2 oz de zanahoria en fina juliana
60 g/2 oz de comelotodos en fina juliana
30 g/1 oz de brotes de soja
3 cucharadas de hojas frescas de menta
3 cucharadas de hojas frescas de albahaca
3 cucharadas de hojas frescas de cilantro
salsa de chile dulce

1   Pasar un disco de papel de arroz por agua tibia, luego apoyarlo sobre una servilleta limpia para que absorba el exceso de humedad.

2   Para armar, colocar un poco de zanahoria, comelotodos, brotes de soja, menta, albahaca y cilantro formando una franja en el centro de cada disco y dejando libre un borde 2 cm/³/₄ in alrededor.

3   Para enrollar, doblar un costado del papel de arroz sobre el relleno y luego enrollar para encerrarlo. Repetir con el resto de los discos y el relleno para obtener 12 arrollados.

Sugerencia para servir: Servir de inmediato con la salsa de chile como mojo.

12 unidades

ENSALADA TIBIA DE CERDO Y MENTA

769 kilojulios/183 calorías por porción – fibras: medio; grasas: bajo; 0,5 porcioón de carbohidratos

Para un postre fácil, sirva nashis con lima sobre hielo. Corte en rebanadas finas los nashis refrigerados, rocíe con jugo de lima fresco y remueva. Los nashis se encuentran en su mejor momento durante los meses de invierno, y este postre fácil es una opción refrescante y saludable para terminar cualquier comida.

Si no dispone de menta vietnamita, utilice menta común en su lugar.

6 chalotes, picados
2 cucharadas de jengibre fresco rallado grueso
1 chile rojo fresco, picado
500 g/1 lb de carne de cerdo magra, molida
3 cucharadas de menta vietnamita cortada en hebras
1 cucharada de azúcar morena
¹/₄ taza/60 ml/2 oz de salsa de soja reducida en sal
2 cucharadas de jugo de lima
2 cucharaditas de salsa thai de pescado
250 g/8 oz de hojas surtidas de lechuga
1 pepino cortado en rodajas
60 g/2 oz de brotes de comelotodos o berro

1   Calentar una sartén antiadherente o un wok a fuego mediano, añadir los chalotes, el jengibre y el chile y cocinar, revolviendo, 3 minutos.

2   Incorporar el cerdo y saltear 3-4 minutos o hasta que se dore. Agregar, sin dejar de revolver, la menta, el azúcar, la salsa de soja, el jugo de lima y la salsa de pescado y saltear 4 minutos o hasta que el cerdo esté cocido.

3   Disponer en una fuente las hojas de lechuga, el pepino y los brotes de comelotodos, cubrir con la mezcla de cerdo y servir de inmediato.

4 porciones

En el sentido del reloj, desde atrás: Ensalada tibia de cerdo y menta, Arroz al vapor, Arrollados de papel de arroz, Nashis con lima sobre hielo

Ensaladas

Las ensaladas ya no deben ser tomadas como una comida dietética aburrida o "para conejos". Como lo demuestran estas recetas, las ensaladas modernas son una mezcla compleja de alimentos frescos que están concebidas para ser disfrutadas por cualquiera que ame la buena comida. Sólo recuerden elegir un aliño con escaso o nulo contenido de aceite y no exageren con los ingredientes tales como queso, beicon, jamón y cualquier producto conservado en aceite. Utilicen esta selección de originales ensaladas para obtener ideas para sus propias creaciones.

YOGUR CON HIERBAS PARA UNTAR

42 kilojulios/10 calorías por porción – fibras: no contiene; grasas: bajo; carbohidratos: insignificante

2 cucharadas de albahaca fresca picada
1 cucharada de cebollín
fresco cortado con tijera
1 diente de ajo picado
1 taza/200 g/6 $^1/_2$ oz de yogur
natural bajo en grasas
1 cucharada de jugo de limón
pimienta negra recién molida

En una procesadora o licuadora colocar la albahaca, el cebollín, el ajo, el yogur, el jugo de limón y pimienta negra a gusto. Procesar hasta integrar.

rinde 1 taza/250 ml/8 fl oz

PAN DE SODA

678 kilojulios/161 calorías por poción – fibras: bajo; grasas: bajo; 1,8 porciones de carbohidratos

Temperatura del horno
200°C, 400°F, Gas 4

4 tazas/500 g/1 lb de harina
60 g/2 oz de mantequilla, ablandada
2 cucharaditas de bicarbonato de sodio
1 cucharadita de chile en polvo
1 $^1/_4$ taza/315 ml/ 10 fl oz de buttermilk

1   Colocar en una procesadora la harina, la mantequilla, el bicarbonato de sodio, el chile en polvo y la buttermilk y procesar hasta obtener una masa blanda.

2   Amasar brevemente sobre una superficie apenas enharinada. Dividir la masa en dos partes iguales y formar hogazas. Disponerlas en dos moldes antiadherentes de 8 x 26 cm/3 $^1/_4$ x 10 $^1/_2$ in y hornear 25 minutos o hasta que suenen a hueco al golpearlas en la base. Desmoldar y dejar enfriar sobre una rejilla. Servir tibias, con el yogur con hierbas.

El análisis nutricional
se basa en una hogaza
dividida en ocho
porciones.
Congele la segunda
hogaza, para tenerla
a mano como
acompañamiento
de ensaladas.

2 hogazas

ENSALADA DE VERDURAS ASADAS

1002 kilojulios/239 calorías por porción – fibras: elevado; grasas: medio; 2 porciones de carbohidratos

Temperatura del horno
180°C, 350°F, Gas 4

2 bulbos de hinojo, cortados en cascos
2 camotes, pelados y picados
12 chalotes, pelados
aceite de oliva en aerosol
1 cucharadita de semillas de comino
315 g/10 oz de ejotes, blanqueados
185 g/6 oz de hojas de rúcula
155 g/5 oz de queso feta
reducido en grasas, picado
2-3 cucharadas de vinagre balsámico
pimienta negra recién molida

1   Colocar el hinojo, los camotes y los chalotes en una asadera antiadherente y rociar con aceite de oliva. Espolvorear con las semillas de comino y hornear 30-35 minutos o hasta que las verduras estén tiernas y doradas. Dejar reposar 10-15 minutos o hasta que se entibien.

2   Disponer en una fuente las verduras asadas, agregar los ejotes, la rúcula, el queso, el vinagre y pimienta negra a gusto y mezclar.

En esta receta se usan
chalotes franceses. Si no
están a su alcance,
reemplácelos por chalotes
amarillos asiáticos
o cebollas encurtidas.

4 porciones

Ensalada thai de calamares

823 kilojulios/198 calorías – fibras: elevado; grasas: bajo; 1 porción de carbohidratos

PROPUESTAS THAI
*Ensalada thai de calamares
*Fideos de arroz
con salsa de soja
(ver sugerencia para servir)
Fruta fresca con
sorbete de limón
(sorbete de bajos kilojulios/
calorías comprado
en el supermercado)

3 calamares, limpios
185 g/6 oz de ejotes, cortados en tiras
2 jitomates, cortados en cascos
1 papaya verde pequeña, pelada,
sin semillas y cortada en juliana
4 cebollas de rabo, cortadas en aros
30 g/1 oz de hojas frescas de menta
30 g/1 oz de hojas frescas de cilantro
1 chile rojo fresco, picado

ALIÑO DE LIMA

2 cucharadas de azúcar morena
3 cucharadas de jugo de lima
1 cucharada de salsa de pescado

1 Con un cuchillo afilado, efectuar un solo corte a lo largo de cada calamar y abrir. Hacer incisiones paralelas, sin atravesar la carne; cruzarlas con otras para lograr un diseño de rombos.

2 Calentar una plancha o una sartén antiadherente, agregar los calamares y cocinar 1-2 minutos de cada lado o hasta que estén tiernos. Retirarlos de la sartén y cortarlos en tiras finas.

3 Disponer en un cuenco los calamares, los ejotes, los jitomates, la papaya, las cebollas de rabo, la menta, el coriandro y el chile.

4 Para hacer el aliño, colocar el azúcar, el jugo de lima y la salsa de pescado en un frasco con tapa a rosca y agitar. Rociar la ensalada y mezclar. Cubrir y dejar reposar 20 minutos antes de servir.

Sugerencia para servir: hervir 375 g/10 oz de fideos de arroz frescos, escurrir y rociar con un poco de salsa de soja reducida en sal. Agregar semillas de ajonjolí tostadas y revolver para combinar.

4 porciones

*Páginas anteriores: Pan de soda,
Yogur con hierbas para untar,
Derecha: Ensalada de verduras asadas
Ensalada thai de calamares,
Fideos de arroz con salsa de soja*

19

Una sartén antiadherente resulta esencial para los que desean adelgazar y los que se preocupan por su salud. La batería de cocina antiadherente permite cocinar sin materia grasa o, como en esta receta, con sólo una cantidad muy pequeña.

ENSALADA ITALIANA DE POLLO

1140 kilojulios/271 calorías por porción – fibras: medio; grasas: medio; 0,6 porcioón de carbohidratos

3 pechugas de pollo deshuesadas,
desgradas y sin piel
aceite de oliva en aerosol
125 g/4 oz de hojas de espinaca baby
125 g/4 oz de ejotes, blanqueados
1 cebolla roja, cortada en rebanadas finas
2 cucharadas de alcaparras
pequeñas, escurridas

ALIÑO DE VINAGRE Y CIRUELAS PASA

8 ciruelas pasa deshuesadas
1 cucharada de hojas frescas de orégano
cáscara rallada de 1 limón
1 cucharadita de azúcar
$^{1}/_{2}$ taza/125 ml/4 fl oz de vinagre
de vino tinto

1   Calentar una plancha o sartén antiadherente a fuego alto. Rociar ligeramente el pollo con aceite de oliva, ubicarlo en la sartén y cocinar 2-3 minutos de cada lado o hasta que esté tierno. Retirar y dejar enfriar.

2   Para preparar el aliño, colocar las ciruelas, el orégano, la cáscara de limón, el azúcar y el vinagre en una cacerola a fuego bajo, llevar a hervor suave y cocinar 5 minutos.

3   Para armar la ensalada, cortar las pechugas de pollo en tajadas delgadas. Disponer la espinaca, los ejotes, la cebolla, el pollo y las alcaparras de manera armoniosa en una fuente. Rociar la ensalada con un poco de aliño tibio y servir de inmediato. Servir por separado el aliño restante.

4 porciones

ENSALADA TIBIA DE PAPAS

372 kilojulios/89 calorías por porción – fibras: medio; grasas: bajo; 1,5 porcioón de carbohidratos

El agua helada y el agua mineral son bebidas refrescantes y no calóricas, indicadas para servir con las comidas. Para volverlas más atractivas, añádales rodajas de limón, lima o naranja.

500 g/1 lb de papas nuevas

ALIÑO DE MOSTAZA

2 cucharadas de mostaza en grano
2 cucharadas de perejil fresco picado
2 cucharadas de alcaparras picadas
1 diente de ajo, machacado
1 cucharada de jugo de limón
pimienta negra recién molida

1   Cocinar las papas en agua hirviente hasta que estén tiernas. Escurrir bien y ubicar en un bol térmico.

2   Para preparar el aliño, colocar en un tazón la mostaza, el perejil, las alcaparras, el ajo, el jugo de limón y pimienta negra a gusto y mezclar para ligar. Verter el aliño sobre las papas calientes y remover para combinar. Servir de inmediato.

4 porciones

*Ensalada italiana de pollo,
Ensalada tibia de papas*

Pasta, pasta, pasta

Anteriormente se pensaba que hacían engordar y que por lo tanto eran una comida que los que deseaban adelgazar debían evitar. Pero ahora se ha comprendido que es una comida alta en carbohidratos y baja en grasas, ideal para quienes buscan perder peso. Estas recetas ofrecen al cocinero maneras imaginativas y saludables de usar este maravilloso alimento. Eviten las salsas cremosas de alto tenor graso y el exceso de queso, y no podrán equivocarse.

ENSALADA DE JITOMATES MARINADOS

464 kilojulios/110 calorías por porción – fibras: bajo; grasas: bajo; 0,5 porción de carbohidratos

4 jitomates, en rodajas gruesas
125 g/4 oz de queso feta reducido en grasas, picado
$^{1}/_{2}$ cebolla roja, en tajadas
3 cucharadas de hojas frescas de albahaca

ALIÑO BALSÁMICO

1 cucharada de azúcar morena
$^{1}/_{4}$ taza/60 ml/2 fl oz de vinagre balsámico
pimienta negra recién molida

1   Dentro de un bol combinar los jitomates, el queso, la cebolla y la albahaca.

2   Para preparar el aliño, colocar el azúcar, el vinagre y pimienta negra a gusto en un frasco con tapa a rosca y agitar para unir. Verter el aliño sobre la mezcla de jitomate y mezclar. Cubrir y marinar, a temperatura ambiente, 20 minutos antes de servir.

4 porciones

PENNE CON SALSA DE PIMIENTOS

2036 kilojulios/485 calorías por porción – fibras: elevado; grasas: bajo; 6 porciones de carbohidratos

500 g/1 lb de penne
queso parmesano fresco (opcional)

SALSA DE PIMIENTOS ASADOS

4 pimientos rojos, sin semillas y cortados en mitades
1 taza/250 ml/8 fl oz de caldo de verduras
185 g/6 oz de hojas de espinaca baby
125 g/4 oz de champiñones, en láminas
2 calabacitas, en rodajas finas
2 cucharadas de extracto de jitomate

1   Para preparar la salsa, ubicar en el grill caliente los pimientos, con la piel hacia arriba, y cocinar 5-10 minutos o hasta que la piel resulte ampollada y chamuscada. Colocarlos dentro de una bolsa de plástico o de papel y dejar que se enfríen lo suficiente como para manipularlos. Pelarlos y picarlos. Disponerlos en una procesadora o licuadora y verter lentamente el caldo mientras se procesa hasta lograr una textura lisa.

2   Pasar la mezcla a una cacerola y añadir la espinaca, los champiñones, las calabacitas y el extracto de jitomate. Colocar sobre llama mediana, llevar a hervor suave y cocinar a fuego lento, revolviendo de tanto en tanto, 5 minutos o hasta que la espinaca se ablande y los champiñones estén tiernos.

3   Cocinar los penne en agua hirviente en una cacerola grande, siguiendo las instrucciones del paquete. Escurrir bien, repartir en cuencos, verter encima la salsa caliente y coronar con láminas de queso parmesano, si se lo usa. Servir de inmediato.

Cocine siempre la pasta en abundante agua hirviente. La regla general es 4 tazas/1 litro/1 $^{3}/_{4}$ pt de agua por cada 125 g/4 oz de pasta.

Páginas anteriores: Penne con salsa de pimientos, Ensalada de jitomates marinados
Página opuesta: Strudel de manzana y ricota

4 porciones

STRUDEL DE MANZANA Y RICOTA

954 kilojulios/227 calorías por porción – fibras: bajo; grasas: medio; 2,5 porciones de carbohidratos

8 hojas de masa filo
aceite en aerosol

RELLENO DE RICOTA Y MANZANA

440 g/14 oz de manzanas en lata,
sin azúcar, escurridas
2 cucharadas de azúcar morena
90 g/3 oz de pasas de uva sultanas
1 taza/250 g/8 oz de ricota
baja en grasas, escurrida
2 cucharadas de azúcar
2 cucharadas de almidón de maíz
1 cucharadita de canela molida
1 clara

1 Rociar ligeramente con aceite las hojas de masa y superponerlas.

2 Para preparar el relleno, combinar dentro de un bol las manzanas, el azúcar morena y las pasas. Extender la mezcla formando una franja en el centro de la masa. Colocar la ricota, el azúcar, el almidón de maíz, la canela y la clara en un bol y revolver para unir. Disponer la preparación de ricota sobre las manzanas.

3 Doblar sobre el relleno los extremos más cortos de la masa y luego enrollar para encerrarlo por completo. Apoyar el strudel sobre un placa forrada con papel antiadherente y hornear 25 minutos o hasta que la masa esté crujiente y dorada.

6 porciones

Temperatura del horno
180°C, 350°F, Gas 4

Si es fanático de la pastelería, haga la prueba de usar masa filo en lugar de masa de hojaldre. Rociarla ligeramente con aceite, como en esta receta, es más aconsejable que pincelarla con mantequilla.

TABBOULEH DE ESPINACA

408 kilojulios/97 calorías por porción – fibras: elevado; grasas: bajo; 1 porción de carbohidratos

$^1\!/_2$ taza/90 g/3 oz de burgol (trigo triturado)
125 ml/4 fl oz de agua caliente
$^1\!/_2$ paquete/250 g/8 oz de espinaca,
las hojas cortadas en juliana
2 jitomates, picados
$^1\!/_2$ cebolla roja, picada
6 cucharadas de hojas
de perejil fresco, picadas
4 cucharadas de menta fresca, picada
$^1\!/_3$ taza/90 ml/3 fl oz de jugo de limón
pimienta negra recién molida

1 Colocar el burgol en un recipiente,
verter el agua encima y dejar reposar
10 minutos o hasta que el agua se absorba.

2 Agregar la espinaca, los jitomates,
la cebolla, el perejil, la menta, el jugo
de limón y pimienta negra a gusto y mezclar.

4 porciones

PASTEL ESPECIADO DE CORDERO Y PASTA

1774 kilojulios/422 calorías por porción – fibras: elevado; grasas: medio; 3 porciones de carbohidratos

Temperatura del horno
180°C, 350°F, Gas 4

1 cebolla, picada
2 dientes de ajo, machacados
1 cucharadita de comino molido
500 g/1 lb de carne
de cordero magra, molida
2 cucharadas de menta fresca picada
2 latas de 440 g/4 fl oz de jitomates,
sin escurrir, triturados
$^1\!/_2$ taza/125 ml/4 fl oz de caldo de res
2 berenjenas, cortadas en tajadas
12 planchas de lasaña instantánea

COBERTURA DE RICOTA

155 g/5 oz de ricota baja
en grasas, escurrida
2 cucharadas de mejorana u orégano
frescos, picados
pimienta negra recién molida

1 Colocar la cebolla, el ajo y el comino
en una sartén antiadherente a fuego alto
y cocinar, revolviendo, 5 minutos o hasta
que estén dorados.

2 Agregar el cordero y revolver 5 minutos
o hasta que se dore. Incorporar la menta,
los jitomates y el caldo, llevar a hervor suave
y cocinar a fuego lento, revolviendo de
tanto en tanto, 10 minutos.

3 En una asadera ligeramente engrasada
disponer por capas las berenjenas, la mezcla
de cordero y las planchas de lasaña;
terminar con una capa de berenjenas.

4 Para preparar la cobertura, colocar
en un bol la ricota, la mejorana o el orégano
y pimienta negra a gusto y remover para
integrar. Extender la cobertura sobre las
berenjenas y hornear 30 minutos o hasta
que las berenjenas y la pasta estén tiernas
y la cobertura, dorada.

4 porciones

Si pasa la lasaña
instantánea por agua
caliente antes del armado,
logrará una consistencia
más húmeda y tierna
después de la cocción.

*Tabbouleh de espinaca,
Pastel especiado de cordero y pasta*

BRUSCHETTA DE JITOMATE

936 kilojulios/223 calorías por porción – fibras: medio; grasas: bajo; 3 porciones de carbohidratos

12 rebanadas de pan italiano
con corteza crocante
2 jitomates, picados finos
3 cucharadas de hojas pequeñas
de albahaca fresca
4-6 aceitunas, picadas
1 cucharada de alcaparras, escurridas
1 cucharada de vinagre balsámico
pimienta negra recién molida

1   Tostar el pan de ambos lados en el grill precalentado.

2   Combinar en un bol los jitomates, la albahaca, las aceitunas, las alcaparras, el vinagre y pimienta negra a gusto. Justo antes de servir, cubrir cada tostada con la mezcla de jitomate.

4 porciones

PASTA CON ATÚN Y LIMÓN

2733 kilojulios/651 calorías por porción – fibras: elevado; grasas: medio; 6 porciones de carbohidratos

500 g/1 lb de fettuccine
440 g/14 oz de atún en lata al natural,
escurrido y desmenuzado
185 g/6 oz de hojas de rúcula,
picadas gruesas
155 g/5 oz de queso feta reducido
en grasas, picado
1 cucharada de eneldo fresco picado
¹/₄ taza/60 ml/2 fl oz de jugo de limón
pimienta negra recién molida

Cocinar los fettuccine en agua hirviente dentro de una cacerola grande, siguiendo las instrucciones del paquete. Escurrir y colocar de nuevo en la cacerola. Llevar a fuego bajo, agregar el atún, la rúcula, el queso, el eneldo, el jugo de limón y pimienta negra a gusto y remover para integrar. Servir de inmediato.

4 porciones

Recuerde que el ejercicio es parte importante de un estilo de vida saludable. No sólo ayuda a reducir y mantener el peso, sino que da más energía, baja la presión arterial, disminuye las grasas en la sangre (colesterol y triglicéridos), alivia el estrés y la tensión, mejora la digestión, ayuda a prevenir la constipación y fortifica los huesos. Caminar es una de las formas más fáciles y agradables de hacer ejercicio, ya que sólo requiere un buen par de zapatos y casi todos pueden hacerlo.

ENSALADAS FÁCILES

Las ensaladas no necesitan receta si se cuenta con unos pocos ingredientes básicos y un aliño interesante. Sólo recuerde mantener bajos los kilojulios (calorías), eligiendo un aliño bajo en grasas o sin grasas.

La clásica **coleslaw** se hace fácilmente cortando la col en fina juliana y combinándola con zanahoria rallada, cubos de pimiento verde o rojo, cubos de apio, hierbas frescas picadas y un aderezo de yogur natural bajo en grasas, mostaza en grano y pimienta negra recién molida.

Las **ensaladas de hojas verdes** son fáciles de preparar si se tienen a mano 2-3 tipos diferentes de lechugas y unas pocas hierbas frescas. Lave y seque varias hojas de cada lechuga, rásguelas en trozos y colóquelas en una ensaladera; añada hierbas picadas y pimienta negra y rocíe con un poco de vinagre balsámico, de jerez o de fruta.

Ensalada de papas. Al preparar la comida de la noche, cocine papas adicionales, déjelas enfriar y guárdelas en el refrigerador. Para hacer la ensalada, córtelas en trozos y mézclelas con un aliño de yogur natural bajo en grasas, hierbas frescas picadas y pimienta negra recién molida.

Pasta con atún y limón,
Bruschetta de jitomate

Picante
y especiado

Los que deseen perder peso hallarán
aquí un muestrario completo
de comidas indias, mexicanas
y cajun, que seguramente se harán
muy populares en toda la familia.
Para quienes no siguen un plan para
perder peso, los carbohidratos
adicionales como pan, arroz, pasta,
fideos o papas son la manera ideal
de aumentar el volumen
de la comida manteniéndola
saludable.

GUISO PICANTE DE PAPAS

588 kilojulios/140 calorías por porción – fibras: elevado; grasas: bajo; 1,5 porciones de carbohidratos

1 cebolla, picada fina
2-3 chiles rojos secos, machacados
2 dientes de ajo, picados
1 cucharadita de cúrcuma molida
2 cucharaditas de comino molido
4 papas pequeñas, cortadas en cuartos
4 berenjenas baby, cortadas
en mitades a lo largo
315 g/10 oz de quimbombóes,
despuntados
4 tazas/1 litro/1 ³/₄ pt de caldo de verduras
2 cucharadas de menta fresca picada
2 cucharadas de cilantro fresco picado
2 cucharadas de garam masala
1 cucharada de jugo de limón

1   Colocar la cebolla, los chiles, el ajo, la cúrcuma y el comino en una sartén antiadherente, a fuego mediano, y cocinar 4 minutos o hasta que la cebolla esté tierna.

2   Incorporar las papas, las berenjenas, los quimbombóes y el caldo, cubrir y llevar a hervor suave. Cocinar a fuego lento, revolviendo de tanto en tanto, 25 minutos o hasta que los vegetales estén tiernos.

3   Agregar, mientras se revuelve, la menta, el cilantro, el garam masala y el jugo de limón y cocinar 3 minutos.

4 porciones

LENTEJAS AROMÁTICAS

720 kilojulios/171 calorías por porción – fibras: elevado; grasas: bajo; 1,5 porcioón de carbohidratos

Las lentejas son una buena fuente de proteínas vegetales, carbohidratos complejos y fibras; además, están prácticamente libres de grasas. Aportan asimismo vitamina B, potasio, fósforo y hierro.

1 cucharada de jengibre fresco,
rallado fino
1 diente de ajo, machacado
1 cucharadita de semillas de comino
250 g/8 oz de lentejas rojas
3 tazas/750 ml/ 1 ¹/₄ pt de caldo de verduras
2 cucharadas de jugo de limón

Colocar el jengibre, el ajo y las semillas de comino en una cacerola a fuego medio y cocinar 1 minuto. Agregar las lentejas, el caldo y el jugo de limón, llevar a hervor suave y cocinar a fuego lento 10-15 minutos o hasta que las lentejas estén tiernas.

4 porciones

EJOTES PICANTES EN YOGUR

334 kilojulios/80 calorías por porción – fibras: medio; grasas: bajo; 0,6 porcioón de carbohidratos

1 cebolla, picada
1 chile verde fresco, picado
1 cucharada de mostaza negra en grano
2 cucharaditas de semillas de comino
375 g/12 oz de ejotes, despuntados
1 ¹/₂ taza/300 g/9 ¹/₂ oz de yogur
natural bajo en grasas
1 cucharada de almidón de maíz disuelto
en ¹/₃ taza/90 ml/3 fl oz de agua

1   Colocar la cebolla, el chile, la mostaza y las semillas de comino en una sartén antiadherente a fuego mediano y cocinar 3 minutos o hasta que la cebolla esté tierna.

2   Añadir los ejotes y cocinar, revolviendo, 4 minutos o hasta que cambien de color. Bajar el fuego a lento. Batir el yogur junto con el almidón disuelto, agregar la mezcla a la sartén, sin dejar de revolver, y cocinar 5 minutos.

4 porciones

Páginas anteriores: Ejotes picantes en yogur, Guiso picante de papas, Lentejas aromáticas
Página opuesta: Pappadums, Aderezo de cebolla fresca, Chutney de durazno, Raita de jitomate y menta

PAPPADUMS

98 kilojulios/23 calorías por porción – fibras: bajo; grasas: bajo; carbohidratos: insignificante

12 pappadums

Colocar los pappadums en el grill precalentado y cocinar hasta que estén inflados y crujientes. Vigilarlos con atención, pues se cocinan con rapidez y pueden quemarse.

Como alternativa, apoyar los pappadums, sin encimarlos, sobre papel absorbente y cocinar en microondas en MÁXIMO (100%) 1-2 minutos o hasta que estén inflados y crujientes.

12 unidades

Si su problema consiste en que come demasiado y con demasiada rapidez, intente usar palillos para todas sus comidas. Es un recurso eficaz para comer sin prisa y podría ser justamente el truco que usted necesita para comer menos.

RAITA DE JITOMATES Y MENTA

51 kilojulios/12 calorías por cucharada – fibras: bajo; grasas: bajo; carbohidratos: insignificante

Estos mojos y aderezos pueden servirse con una variedad de panes indios tales como roti, naan y chapatti.

2 jitomates, pelados, sin semillas
y cortados en cubos
2 cucharadas de menta fresca picada
1 diente de ajo, machacado
1 taza/200 g/6 ¹/₂ oz de yogur natural
bajo en grasas
1 cucharada de jugo de limón
pimienta negra recién molida

Colocar en un bol los jitomates, la menta, el ajo, el yogur, el jugo de limón y pimienta negra a gusto y revolver para combinar.

rinde 1 taza/250g/8 oz

ADEREZO DE CEBOLLA FRESCA

22 kilojulios/5 calorías por cucharada – fibras: bajo; grasas: bajo; carbohidratos: insignificante

El yogur es una buena fuente de calcio y fósforo. El bajo en grasas no necesariamente es también bajo en azúcar. El dietético es bajo en grasas, con edulcorantes artificiales y menor aporte de kilojulios (calorías).

2 cebollas, cortadas en cubos pequeños
2 cucharadas de perejil fresco, picado
1 cucharadita de páprika
una pizca de pimienta de Cayena
2 cucharadas de jugo de limón
sal marina

Dentro de un recipiente combinar las cebollas, el perejil, la páprika, la pimienta de Cayena, el jugo de limón y un poco de sal marina. Cubrir y refrigerar por lo menos 1 hora antes de servir.

rinde 1 taza/250 ml/8 fl oz

CHUTNEY DE DURAZNO

137 kilojulios/33 calorías por cucharada – fibras: bajo; grasas: bajo; 0,5 porcioón de carbohidratos

Para esterilizar los frascos, lávelos con agua jabonosa caliente y séquelos durante 30 minutos en el horno a la temperatura más baja que sea posible. Asegúrese de que estén totalmente secos antes de llenarlos; de lo contrario, la conserva se echará a perder.

2 manzanas verdes, peladas
y cortadas en dados
2 duraznos, pelados y picados
¹/₃ taza/60 g/2 oz de azúcar morena
60 g/2 oz de pasas de uva
1 cucharada de jengibre fresco, rallado fino
1 diente de ajo, machacado
¹/₂ taza/125 ml/4 fl oz de vinagre blanco

Colocar las manzanas, los duraznos, el azúcar, las pasas, el jengibre, el ajo y el vinagre en una cacerola a fuego mediano y llevar a ebullición. Bajar la llama y cocinar a fuego lento 25 minutos o hasta que el chutney espese. Envasar en frascos esterilizados, dejar enfriar y cerrar herméticamente.

rinde 1 ¹/₂ taza/375 ml/12 fl oz

Tortillas de carne con salsa

TORTILLAS DE CARNE CON SALSA

1612 kilojulios/384 calorías por porción – fibras: elevado; grasas: medio; 3 porciones de carbohidratos

INSPIRACIÓN MEXICANA
*Tortillas de carne con salsa
Selección de fruta fresca

500 g/1 lb de de carne de res magra
y tierna, desgrasada
2 cucharadas de orégano fresco, picado
1 diente de ajo, machacado
1 cucharadita de comino molido
1 cucharadita de chile en polvo
1 cucharada de jugo de lima
8-12 tortillas de harina
220 g/7 oz de hojas de lechuga, surtidas
1 taza/200 g/6 ½ oz de yogur
natural bajo en grasas

SALSA DE CHILE

4 jitomates, pelados, sin semillas y picados
1 cebolla roja, picada
chiles rojos frescos, sin semillas y picados
2 cucharadas de hojas frescas de cilantro
1 cucharadita de azúcar
1 cucharada de jugo de lima
pimienta negra recién molida

4 porciones

1   Disponer la carne en una fuente poco profunda de vidrio o cerámica. Unir el orégano con el ajo, el comino, el chile en polvo y el jugo de lima, frotar la carne con la mezcla y marinar 20 minutos.

2   Para preparar la salsa, colocar en un bol los jitomates, la cebolla, los chiles, el cilantro, el azúcar, el jugo de lima y pimienta negra a gusto y remover para integrar. Cubrir y refrigerar hasta el momento de utilizar.

3   Precalentar una barbacoa a fuego alto. Ubicar la carne sobre la parrilla ligeramente aceitada y cocinar 4 minutos de cada lado o hasta alcanzar el punto que se prefiera.

4   Calentar una sartén antiadherente a fuego mediano, agregar las tortillas y cocinar 30 segundos da cada lado, para calentarlas. Cortar la carne en lonjas delgadas, distribuir sobre las tortillas, cubrir con hojas de lechuga, yogur y salsa y enrollar.

Si lo prefiere, en lugar de la barbacoa puede usar una plancha. Colóquela sobre fuego vivo hasta que esté muy caliente. Pincele ligeramente la carne con aceite, dispóngala sobre la plancha y cocínela hasta alcanzar el punto que desee.

POLLO CAJUN CON SALSA

1354 kilojulios/322 calorías por porción – fibras: medio; grasas: medio; 1 porción de carbohidratos

3 pechugas de pollo, desgrasadas
2 limas, cortadas en gajos

MEZCLA DE ESPECIAS CAJUN

1 cucharada de páprika dulce
1 cucharadita de cebolla en polvo
1 cucharadita de comino molido
1 cucharadita de orégano molido
1 cucharadita de tomillo molido
$^1/_2$ cucharadita de pimienta de Cayena

SALSA DE MAÍZ

3 elotes, sin hojas
2 cebollas rojas, en tajadas gruesas
1 pimiento rojo cortado en tiras finas
$^1/_2$ taza de hojas frescas de cilantro
1 chile rojo fresco, picado
2 cucharadas de jugo de lima
1 cucharada de salsa Worcestershire
pimienta negra recién molida

1   Para preparar la salsa, cocinar los elotes en agua hirviente 5-7 minutos o hasta que estén tiernos. Escurrir. Calentar una plancha antiadherente a fuego alto. Acomodar sobre ella los elotes, las cebollas y el pimiento rojo y cocinar, dando vuelta con frecuencia, hasta que los elotes estén tostados y las cebollas y los pimientos, tiernos. Separar los granos de los elotes y disponer en un bol. Añadir las cebollas, el pimiento, el cilantro, el chile, el jugo de lima, la salsa Worcestershire y pimienta negra a gusto y mezclar.

2   Para la mezcla de especias, colocar la páprika, la cebolla en polvo, el comino, el orégano, el tomillo y la pimienta de Cayena en un bol y revolver para integrar.

3   Hacer rodar las pechugas de pollo por la mezcla de especias y controlar que queden bien cubiertas. Calentar una plancha o sartén antiadherente a fuego mediano, agregar las pechugas y cocinar 2-3 minutos de cada lado o hasta que estén tiernas. Cortarlas en lonjas finas y servir con la salsa y los gajos de lima.

4 porciones

Esta receta también es buena para la barbacoa. Cocine las verduras sobre la parrilla ligeramente aceitada y el pollo en la plancha enrejada precalentada.

PAN DE MAÍZ

647 kilojulios/154 calorías por porción – fibras: bajo; grasas: bajo; 2 porciones de carbohidratos

Temperatura del horno
220°C, 425°F, Gas 7

7 g/$^1/_4$ oz de levadura seca
$^1/_2$ cucharadita de azúcar
1 taza/250 ml/8 fl oz de agua tibia
2 $^1/_4$ tazas/280 g/9 oz de harina
1 taza/170 g/5 $^1/_2$ oz de polenta
2 chiles rojos frescos, picados
2 cucharaditas de comino molido
2 cucharaditas de cáscara rallada de lima
1 huevo

1   Colocar la levadura, el azúcar y el agua en un tazón y remover para unir. Dejar reposar en un lugar templado hasta que la mezcla se esponje.

2   En un bol combinar la harina, la polenta, los chiles, el comino y la cáscara de lima. Hacer un hueco en el centro, añadir el huevo y la mezcla de levadura e integrar todo en una masa. Amasar sobre una superficie ligeramente enharinada hasta que resulte lisa y elástica, luego colocar en un bol ligeramente aceitado. Cubrir y dejar reposar en un lugar templado hasta que duplique su tamaño. Apuñar y amasar 1 minuto.

3   Formar una hogaza y disponerla en un molde redondo antiadherente de 20 cm/8 in. Cubrir y dejar reposar en un lugar templado hasta que duplique su volumen. Hornear 20-25 minutos o hasta que la hogaza suene a hueco cuando se la golpee en la base.

1 hogaza de 20 cm/8 in de diámetro

El análisis nutricional se basa en la hogaza dividida en 12 rebanadas.
El pan de maíz sobrante, tostado y untado con una pequeña porción de jalea de frutas, resulta delicioso para el desayuno. Es, también, una muy buena fuente de betacaroteno, vitaminas del complejo B y hierro.

Pollo cajun con salsa, Pan de maíz

Un toque mediterráneo

La comida italiana es popular en el mundo entero y ofrece una variedad de platillos saludables y sabrosos para los que desean adelgazar. Sin embargo, la cocina de otros países de la región, como Grecia y España, se está haciendo cada vez más exitosa y como lo demuestra este capítulo, con una pequeña adaptación, las comidas de estos países pueden ser igualmente saludables.

MOJO DE PEPINO Y YOGUR

64 kilojulios/15 calorías cada 2 cucharadas – fibras: bajo; grasas: bajo; carbohidratos: insignificante

1 pepino pequeño, pelado,
sin semillas y picado
sal
1 cucharada de menta fresca, picada
1 diente de ajo, machacado
1 ½ taza/300 g/9 ½ oz de yogur natural
bajo en grasas
1 cucharada de jugo de limón
pimienta negra recién molida

1   Disponer el pepino en un colador, espolvorearlo con sal y dejarlo drenar 10 minutos. Enjuagar con agua corriente fría y escurrir sobre papel absorbente.

2   Colocar en un recipiente el pepino, la menta, el ajo, el yogur, el jugo de limón y pimienta negra a gusto y revolver para integrar.

rinde 2 tazas/500 ml/16 fl oz

PAN SIN LEVADURA

825 kilojulios/196 calorías por unidad – fibras: bajo; grasas: bajo; 2 porciones de carbohidratos

Temperatura del horno
220°C, 425°F, Gas 7

4 tazas/500 g/1 lb de harina
1 cucharadita de sal
1 taza/250 ml/8 fl oz de agua
45 g/1 ½ oz de mantequilla clarificada

1   Mezclar la harina y la sal dentro de un bol y hacer un hoyo en el centro. Agregar el agua y la mantequilla y mezclar hasta que se forme una masa lisa. Dejar reposar 20 minutos.

2   Tomar porciones de 2 cucharadas de masa y darles forma esférica. Estirarlas hasta obtener piezas ovaladas muy delgadas. Disponer los panes en una placa antiadherente y hornear 2-4 minutos o hasta que se doren ligeramente.

12 unidades

EJOTES CON SALSA DE JITOMATE

202 kilojulios/48 calorías por porción – fibras: elevado; grasas: bajo; 0,5 porcioón de carbohidratos

Las calabacitas, la coliflor y el brócoli también resultan deliciosos si se cocinan de este modo.

1 cebolla, picada
2 dientes de ajo, machacados
440 g/14 oz de jitomates en lata,
sin escurrir y hechos puré
2 cucharadas de perejil fresco, picado
1 cucharada de menta fresca, picada
375 g/12 oz de ejotes, despuntados
pimienta negra recién molida

1   Calentar una sartén antiadherente a fuego mediano, añadir la cebolla y el ajo y cocinar 4 minutos o hasta que la cebolla esté blanda y dorada. Agregar, sin dejar de revolver, los jitomates, el perejil y la menta, llevar a hervor suave y cocinar a fuego lento 4 minutos.

2   Incorporar los ejotes y cocinar 5 minutos más o hasta que estén tiernos pero aún crujientes. Sazonar con pimienta a gusto.

Páginas anteriores: Ejotes con salsa de jitomate, Cordero con membrillos Derecha: Mojo de pepino y yogur, Pan sin levadura

4 porciones

CORDERO CON MEMBRILLOS

803 kilojulios/191 calorías por porción – fibras: bajo; grasas: bajo; carbohidratos: insignificante

500 g/1 lb de lomo de cordero, desgrasado
1 cebolla, picada
2 membrillos, pelados, sin el corazón y cortados en tajadas gruesas
2 hojas de laurel
1 rama de canela
1 tira ancha de cáscara de naranja
2 tazas/500 ml/16 fl oz de caldo de res
1 taza/250 ml/8 fl oz de agua
$^3/_4$ taza/185 ml/6 fl oz de vino tinto

1   Calentar una sartén antiadherente a fuego alto, añadir el cordero y cocinar 2 minutos de cada lado o hasta que se dore, retirar y reservar.

2   Incorporar la cebolla a la sartén y cocinar, revolviendo, 4 minutos o hasta que se ablande. Agregar los membrillos, las hojas de laurel, la canela en rama, la cáscara de naranja, el caldo, el agua y el vino, cubrir y llevar a hervor suave. Cocinar a fuego lento 35 minutos o hasta que los membrillos estén tiernos. Si fuera necesario, verter más agua durante la cocción.

3   Colocar el cordero sobre la preparación de membrillos y cocinar 5 minutos o hasta calentar. Para servir, cortar el cordero en tajadas gruesas, distribuir en los platos y cubrir con la salsa de membrillos.

4 porciones

En esta receta, las peras verdes son una buena alternativa para los membrillos, y no necesitan tanto tiempo de cocción. Si las usa, hierva la mezcla de caldo a fuego lento 15 minutos, luego agregue las peras y cocine 15 minutos más o hasta que estén tiernas.

SALERO ESPAÑOL
*Paella
*Ensalada verde con limón
(ver sugerencia para servir)
*Ensalada de naranja

PAELLA

2183 kilojulios/520 calorías por porción – fibras: elevado; grasas: bajo; 5 porciones de carbohidratos

2 pechugas de pollo,
deshuesadas y sin piel
90 g/3 oz de jamón reducido
en grasas y en sal, en tajadas
1 cebolla, picada
2 dientes de ajo, machacados
3 jitomates, pelados y picados
1 cucharadita de pimentón dulce en polvo
$^1/_2$ cucharada de azafrán en hebras
4 tazas/1 litro/1 $^3/_4$ pt de caldo de pollo
350 g/11 oz de arroz de grano largo
185 g/6 oz de ejotes,
despuntados y picados
1 pimiento rojo, picado
75 g/2 $^1/_2$ oz de chícharos
frescos o congelados
pimienta negra recién molida
4 cucharadas de perejil fresco picado

1   Calentar una sartén antiadherente a fuego alto, añadir el pollo y cocinar 2-3 minutos de cada lado o hasta que esté tierno, retirar y dejar enfriar. Cortar en tajadas finas.

2   Agregar a la sartén el jamón, la cebolla y el ajo y cocinar, revolviendo, 5 minutos o hasta que la cebolla se ablande. Incorporar los jitomates, el pimentón, el azafrán y el caldo, cubrir y llevar a hervor.

3   Añadir el arroz, revolver, cubrir y cocinar a fuego lento 15 minutos o hasta que el arroz haya absorbido la mitad del líquido. Agregar el pollo, los ejotes, el pimiento rojo, los chícharos y pimienta negra a gusto y cocinar a fuego lento 10 minutos o hasta que las verduras estén tiernas y el arroz, a punto. Esparcir encima el perejil y servir de inmediato, directamente de la sartén.

Sugerencia para servir: Colocar en una ensaladera hojas de diferentes tipos de lechuga, rociar con un poco de jugo de limón recién exprimido y espolvorear con pimienta negra de molinillo. Mezclar y servir de inmediato.

4 porciones

La paella es perfecta para servir como plato único cuando hace falta alimentar a una muchedumbre. En España, el recipiente se coloca en el centro de la mesa y la paella se come directamente de él.

ENSALADA DE NARANJA

502 kilojulios/120 calorías por porción – fibras: medio; grasas: bajo; 2 porciones de carbohidratos

4 naranjas
$^1/_4$ taza/60 g/2 oz de azúcar
1 rama de canela
$^3/_4$ taza/185 ml/6 fl oz de agua
1 cucharadita de jugo de limón
4 cucharadas de yogur bajo en grasas
con sabor a miel

cáscara; cortar ésta en hebras y reservar. Pelar las naranjas restantes, retirar la membrana blanca de todas y cortarlas en rodajas de 1 cm/$^1/_2$ in de espesor. Reservarlas dentro de un bol térmico.

2   Colocar las hebras reservadas, el azúcar, la canela en rama, el agua y el jugo de limón en una cacerola a fuego mediano, llevar a hervor suave y cocinar a fuego lento 3 minutos. Retirar, enfriar ligeramente y verter sobre las naranjas. Cubrir y refrigerar por lo menos 2 horas o hasta el momento de servir. Acompañar con el yogur.

Cuando las naranjas sanguinas están en temporada son una alternativa espectacular para las naranjas comunes en esta simple ensalada de postre. Están en sazón durante un breve período del invierno, y no siempre es fácil hallarlas.

1   Pelar 1 naranja cuidando que no queden rastros de membrana blanca adheridos a la

Paella, Ensalada de naranja

4 porciones

Temperatura del horno
160°C, 325°F, Gas 3

Esta entrada baja
en grasas constituye
un magnífico platillo para
el almuerzo si se sirve
con ensalada verde y pan
integral crocante o bollos.

PIMIENTOS RELLENOS

413 kilojulios/98 calorías por porción – fibras: medio; grasas: bajo; 0,3 porción de carbohidratos

2 pimientos rojos pequeños
2 pimientos amarillos o verdes pequeños
2 jitomates maduros, pelados, cortados
en cuartos y sin semillas
3 cucharadas de hojas frescas de albahaca,
rasgadas con los dedos
1 diente de ajo, en láminas
200 g/6 ½ oz de ricota baja
en grasas, escurrida
pimienta negra recién molida

1   Cortar los pimientos en mitades, dejarles los cabitos y quitarles las semillas. Disponerlos, con el corte hacia arriba, en una placa antiadherente y hornear 20 minutos.

2   En un bol combinar los jitomates, la albahaca y el ajo. Repartir la mezcla en las mitades de pimientos, cubrir con la ricota y sazonar con pimienta negra a gusto. Subir la temperatura del horno a 200°C/400°F/Gas 6 y hornear 10 minutos o hasta que los pimientos estén tiernos y el relleno, caliente. Para servir, presentar medio pimiento rojo y medio pimiento amarillo o verde en cada plato y verter encima parte de los jugos de la placa.

4 porciones

PESCADO AL HORNO
A LA SICILIANA

561 kilojulios/134 calorías por porción – fibras: bajo; grasas: bajo; carbohidratos: insignificante

Temperatura del horno
200°C, 400°F, Gas 6

El pescado es un alimento excelente para los que desean adelgazar y los que se preocupan por su salud. Es bajo en kilojulios (calorías), grasas y colesterol y rico en valiosas grasas del tipo omega-3. Los profesionales de la salud recomiendan comer pescado por lo menos tres veces por semana. Incluya pescado fresco, congelado y en lata, para variar, y recuerde elegir métodos de cocción bajos en grasas.

4 postas de pescado muy firme,
indicado para hornear
1 cebolla, picada
3 cucharadas de hojas
de perejil fresco, picadas
2 cucharadas de alcaparras
2 cucharadas de cáscara
de limón rallada fina
granos de pimienta negra, machacados
½ taza/125 ml/4 fl oz de vino blanco
½ taza/125 ml/4 fl oz de caldo
de pescado o agua

1   Colocar el pescado en una asadera antiadherente y esparcir encima la cebolla, el perejil, las alcaparras, la cáscara de limón y pimienta negra a gusto. Mezclar el vino y el caldo o agua y verter sobre el pescado.

2   Cubrir y hornear 10 minutos o hasta que la carne del pescado se separe al clavarle un tenedor. Para servir, disponer el pescado en una fuente y rociarlo con los jugos de la placa.

Sugerencia para servir: Cocinar por hervido o en microondas 500 g/1 lb de papas nuevas hasta que estén tiernas, escurrir y colocar en una ensaladera. Agregar 2 cucharadas de mayonesa sin aceite, 1 cucharada de eneldo fresco picado y pimienta negra a gusto y revolver para integrar.

4 porciones

Pimientos rellenos,
Pescado al horno a la siciliana

Rápido y simple

Esta selección de menúes ofrece ideas prácticas y fáciles para los momentos en que podrían tentarse con las comidas rápidas. Se olvida, a menudo, cuán velozmente se puede preparar una comida nutritiva. Los menúes completos de este capítulo toman todos menos de 30 minutos de preparación y cocción, pero lo mejor es que todos utilizan comida fresca, son sabrosos y no arruinarán su plan de comidas.

PESCA RÁPIDA
*Pescado marinado con lima
*Puré de camotes
*Verduras al vapor con lima
(ver sugerencia para servir)

PESCADO MARINADO CON LIMA

671 kilojulios/160 calorías por porción – fibras: bajo; grasas: bajo; carbohidratos: insignificante

4 filetes gruesos o postas de pescado firme
4 hojas de lima kaffir, en juliana
1 chile rojo fresco, picado
¼ taza/60 ml/2 fl oz de jugo de lima
1 cucharada de aceite de ajonjolí

1   Colocar el pescado en una fuente playa de vidrio o cerámica. Esparcir encima las hojas de lima y el chile, luego rociar con el jugo de lima y el aceite de ajonjolí y marinar 5 minutos.

2   Calentar una plancha o sartén antiadherentes a fuego mediano. Escurrir el pescado, disponerlo en la plancha o sartén y cocinar 2-4 minutos de cada lado o hasta que la carne se separe al probar con un tenedor.

Sugerencia para servir: Cocinar al vapor o en microondas 250 g/8 oz de brócoli y espárragos hasta que estén tiernos a punto, escurrir y disponer en una ensaladera. Rociar con jugo fresco de lima, espolvorear con pimienta negra a gusto y mezclar.

4 porciones

Si no consigue hojas de lima kaffir, use cáscara de lima rallada fina para reemplazarla.

PURÉ DE CAMOTE

743 kilojulios/175 calorías por porción – fibras: medio; grasas: bajo; 2,5 porciones de carbohidratos

750 g/1 ½ lb de camotes, pelados y picados
1 cucharada de miel
½ -¾ taza/125-185 ml/4-6 oz de leche baja en grasas
pimienta negra recién molida

Cocinar los camotes por hervido o en microondas hasta que estén tiernos. Escurrir, colocar en un bol, agregar la miel, la leche y pimienta negra a gusto y machacar hasta lograr una textura cremosa.

4 porciones

Recuerde que el ejercicio requiere combustible (kilojulios/calorías) que de otra manera se almacenaría como grasa. Simplemente 30 minutos de caminata extra todos los días pueden conducir a una pérdida de peso de 10 kg/22 lb en un año.

*Páginas anteriores: Pescado marinado con lima,
Puré de camotes, Verduras al vapor con lima
Pan turco vegetariano,
Licuado de plátanos*

PAN TURCO VEGETARIANO

983 kilojulios/234 calorías por porción – fibras: elevado; grasas: medio; 1,5 porcioón de carbohidratos

1 taza/250 g/8 oz de ricota
baja en grasas, escurrida
2 cucharadas de salsa de chile
4 piezas de pan turco (pide), abiertas
125 g/4 oz de hojas de espinaca baby
1 pimiento amarillo, picado
4 aceitunas, picadas
2 jitomates, cortados en tajadas
250 g/8 oz de espárragos, blanqueados
gajos de limón

1   Colocar la ricota y la salsa de chile en un bol y mezclar hasta integrar. Esparcir la mezcla de ricota sobre cuatro mitades de pan turco, luego cubrir con la espinaca, el pimiento amarillo, las aceitunas, los jitomates y los espárragos y tapar con las otras mitades del pan.

2   Calentar una sartén antiadherente a fuego mediano, agregar los panes rellenos y cocinar 4 minutos de cada lado o hasta que estén calientes y dorados. Servir con gajos de limón.

Sugerencia para servir: Acompañar con licuado de plátanos. Por cada licuado, colocar 1 plátano, 1 taza/250 ml/8 fl oz de leche baja en grasas, 4 cucharadas de yogur natural bajo en grasas, 2 cucharadas de miel y 10 cubos de hielo en una licuadora y procesar hasta que esté cremoso.

4 porciones

PRACTICIDAD CON PAN
Pan turco vegetariano
Licuado de plátano
(ver sugerencia para servir)

El pan turco (pide) es un pan con levadura, blanco y chato, parecido al pan chato italiano. Se hornea por lo general en piezas ovaladas que miden 30-40 cm/12-16 in. Si le resulta imposible conseguirlo, tanto el pan de campo italiano como el pan de centeno, la ciabatta y la focaccia son igualmente apropiados para este sándwich.

Si no dispone de tomillo alimonado, use el tomillo común y $^{1}/_{2}$ taza de cáscara de limón rallada fina.

MINESTRONE DE MARISCOS

1800 kilojulios/429 calorías por porción – fibras: elevado; grasas: medio; 3 porciones de carbohidratos

1 cucharada de aceite de oliva
1 zanahoria, picada
1 cebolla, picada
1 tallo de apio, picado
1 diente de ajo, machacado
440 g/14 oz de jitomates en lata, sin escurrir, hechos puré
6 tazas/1,5 litro/2 $^{1}/_{2}$ pt de caldo de pescado
440 g/14 oz de frijoles cannellini en lata, enjuagados y escurridos
220 g/7 oz de pasta corta, como coditos o penne
185 g/6 oz de ejotes, picados
250 g/8 oz de filetes de pescado blanco firme, cortados en cubos
155 g/5 oz de mariscos surtidos, como mejillones, ostiones y langostinos
1 cucharada de hojas frescas de tomillo alimonado

1   Calentar el aceite en una cacerola a fuego mediano, añadir la zanahoria, la cebolla, el apio y el ajo y cocinar 5 minutos o hasta que los vegetales estén tiernos.

2   Agregar los jitomates y el caldo, llevar a hervor suave y cocinar a fuego lento 10 minutos. Incorporar, sin dejar de revolver, los frijoles cannellini, la pasta y los ejotes, dejar que retome el hervor suave y cocinar 12 minutos más o hasta que la pasta esté tierna.

3   Agregar el pescado, el surtido de mariscos y el tomillo y cocinar, removiendo de tanto en tanto, 2-4 minutos o hasta que los mariscos estén cocidos.

4 porciones

ENSALADA DE POLLO Y CUSCÚS

1076 kilojulios/256 calorías por porción – fibras: elevado; grasas: bajo; 2 porciones de carbohidratos

IDEA LIVIANA Y FRESCA
*Ensalada de pollo y cuscús
Pan chato tibio*

1 taza/185 g/6 oz de cuscús
1/2 taza/125 ml/4 fl oz de agua hirviente
1/2 taza/125 ml/4 fl oz de caldo
de pollo, hirviente
1 lechuga romana, las hojas separadas
250 g/8 oz de pechugas de pollo cocidas,
cortadas en tajadas gruesas
2 jitomates, picados
1 pepino, picado
3 cucharadas de hojas frescas de cilantro
60 g/2 oz de brotes de comelotodos o berro

ALIÑO DE YOGUR

2 cucharadas de menta fresca, picada
1 cucharadita de comino, molido
1/2 cucharadita de chile en polvo
1 taza/200 g/6 1/2 oz de yogur bajo en grasas

1 Colocar el cuscús en un bol, verter
encima el agua hirviente y el caldo, cubrir
y dejar reposar 5 minutos o hasta que el
líquido se absorba. Revolver con un tenedor
para separar los granos.

2 Disponer en una fuente la lechuga,
el cuscús, el pollo, los jitomates, el pepino, el
cilantro y los brotes de comelotodos o el berro.

3 Para preparar el aliño, colocar en un
tazón la menta, el comino, el chile en polvo
y el yogur y batir para integrar. Verter un
poco de aliño sobre la ensalada y servir
el resto por separado.

4 porciones

*Izquierda: Minestrone de mariscos
Arriba: Ensalada de pollo y cuscús*

Comidas en cuencos

Las sopas con vegetales y fideos,
legumbres, pastas o arroz pueden
ser una comida saludable
y satisfactoria para cualquiera.
Muchas sopas pueden prepararse
con anterioridad y conservarse uno
o dos días en el refrigerador,
o congelarse para tener a mano
una comida rápida. Las sobras
proveen un almuerzo fácil y el pan
de su elección es un gran
acompañamiento.

Para esta receta puede usar garbanzos secos, pero primero tendrá que remojarlos y cocinarlos.

SOPA DE GARBANZOS Y ESPINACA

830 kilojulios/198 calorías por porción – fibras: elevado; grasas: bajo; 1,5 porcioón de carbohidratos

$^1\!/_2$ cebolla, picada
$^1\!/_2$ zanahoria, picada
1 tallo de apio, picado
2 dientes de ajo, machacados
1 cucharadita de aceite de oliva
440 g/14 oz de garbanzos en lata, enjuagados y escurridos
2 ramitas de romero fresco
6 tazas/1,5 litro/2 $^1\!/_2$ pt de caldo de verduras
2 latas de 440 g/14 oz de jitomates, sin escurrir y hechos puré
1 atado/500 g/1 lb de espinaca, sin los tallos

1   Procesar la cebolla, la zanahoria, el apio y el ajo hasta lograr un puré.

2   Colocar el puré de vegetales y el aceite en una cacerola a fuego mediano y cocinar 5 minutos. Agregar los garbanzos, el romero, el caldo y los jitomates y llevar a hervor. Bajar la llama y cocinar a fuego lento 30 minutos. Añadir la espinaca y servir de inmediato.

4 porciones

SCONES DE ALBAHACA

643 kilojulios/153 calorías por porción – fibras: bajo; grasas: bajo; 1,5 porcioón de carbohidratos

Temperatura del horno
220°C, 425°F, Gas 7

2 tazas/250 g/8 oz de harina leudante
15 g/$^1\!/_2$ oz de mantequilla
2 cucharaditas de albahaca cortada en hebras
2 cucharaditas de pimienta negra triturada
1 taza/250 ml/8 fl oz de leche

1   Colocar la harina y la mantequilla en una procesadora y procesar hasta que se formen migas gruesas.

2   Con la máquina en funcionamiento, agregar la albahaca, la pimienta negra y la leche y continuar procesando hasta lograr una masa lisa. Colocarla sobre una superficie ligeramente enharinada y presionar con la palma de la mano hasta dejarla de 3 cm/1 $^1\!/_4$ in de espesor, luego cortar con un cortapastas redondo de 5 cm/2 in. Disponer los scones en una placa antiadherente y hornear 15 minutos o hasta que se doren.

8 unidades

Si quire variar el sabor de estos scones, sustituya la albahaca por otras hierbas frescas, como perejil o cilantro.

Páginas anteriores: Sopa de garbanzos y espinaca, Scones de albahaca
Página opuesta: Caldo vietnamita de pollo.

CALDO VIETNAMITA DE POLLO

2022 kilojulios/481 calorías por porción – fibras: bajo; grasas: bajo; 5 porciones de carbohidratos

1 trozo de 5 cm/2 in de jengibre fresco,
cortado en tajadas
1 cucharada de granos de pimienta negra
2 anises estrellados
6 tazas/1,5 litro/2 ½ pt de caldo de pollo
2 pechugas de pollo deshuesadas
375 g/12 oz de fideos de arroz frescos
90 g/3 oz de brotes de soja
2 chalotes, cortados en tajadas
2 cucharadas de hojas de menta vietnamita

1   Envolver el jengibre, los granos
de pimienta y los anises en un trozo
de muselina y atar con hilo.

2   Colocar el caldo y la bolsita de especias
en una cacerola a fuego mediano, llevar a
hervor, luego bajar la llama y cocinar a fuego
lento 10 minutos. Agregar el pollo y cocinar
6-8 minutos o hasta que esté tierno.
Retirarlo del caldo, cortarlo

en tajadas finas y reservarlo. Descartar la
bolsita de especias.

3   Colocar los fideos en un bol, cubrirlos
con agua hirviente y dejar reposar 3 minutos
o hasta que estén tiernos. Escurrir.

4   Para servir, distribuir los fideos en
cuencos hondos. Cubrir con los brotes
de soja, el pollo, los chalotes y la menta,
verter encima el caldo y servir de inmediato.

Sugerência para servir: Presentar junto con
la sopa cuencos pequeños con chiles rojos
frescos, salsas hoisin y de pescado y gajos de
lima, para que cada comensal se sirva el
complemento que prefiera.

4 porciones

AIRES DE ASIA
*Caldo vietnamita de pollo
Melón cantaloupe cubierto
con pulpa de fruta de
la pasión, fresca

Si no encuentra menta
vietnamita, la menta
común y la albahaca son
buenas alternativas. Los
fideos de arroz frescos se
elaboran con una pasta
de arroz molido y agua,
que luego se corta en tiras.
Son muy delicados y sólo
requieren una cocción
brevísima o un remojo en
agua hirviente. Se hallan
disponibles en una
variedad de tamaños en
las tiendas de comestibles
orientales y en algunos
supermercados.

SOPA DE PORO Y JAMÓN

823 kilojulios/196 calorías por porción – fibras: elevado; grasas: bajo; 1,5 porcioón de carbohidratos

2 cucharadas de aceite
2 poros, picados
185 g/6 oz de chícharos partidos
4 tajadas de jamón reducido
en grasas y en sal, picado
2 hojas de laurel
3 tazas/750 ml/1 ¼ pt de caldo de res
3 tazas/750 ml/1 ¼ pt de agua
2 cucharadas de perejil fresco, picado
pimienta negra recién molida

1   Calentar aceite en una cacerola a fuego mediano, añadir los poros y cocinar, revolviendo, 7 minutos o hasta que estén blandos y dorados.

2   Incorporar los chícharos, el jamón, las hojas de laurel, el caldo y el agua, llevar a hervor, bajar la llama y cocinar a fuego lento 45-60 minutos o hasta que los chícharos se disuelvan en la sopa. Agregar, revolviendo, el perejil y pimienta negra a gusto. Coronar con crutones de papa (siguiente).

4 porciones

CRUTONES DE PAPAS

170 kilojulios/40 calorías por porción – fibras: medio; grasas: bajo; 2 porciones de carbohidratos

2 papas, cortadas en cubitos
aceite en aerosol

Colocar las papas en una placa forrada con papel antiadherente. Rociarlas con el aceite y hornear 30 minutos o hasta que estén crocantes y doradas.

4 porciones

Temperatura del horno
180°C, 350°F, Gas 4

7 MANERAS DE REDUCIR LA GRASA

Una de las maneras más fáciles de reducir la ingesta de grasas consiste en usar menos grasas al cocinar.

1   Evitar sofreír en aceite, mantequilla, margarina o mantequilla clarificada. Intentar, en cambio, cocinar a la parrilla, asar en el horno sobre una rejilla, cocinar al vapor o en microondas.

2   Quitar siempre toda la grasa visible de la carne. Sacar la grasa y la piel del pollo. Elegir cortes magros de carnes y limitar la cantidad de salchichas, fiambres y salames.

3   Usar una sartén antiadherente y simplemente pincelar o rociar con un poco de aceite (no echar aceite) para dorar y saltear.

4   Cambiar el énfasis de las comidas. Comer más pasta, arroz, verduras, pan y fruta, y menos carnes y salsas grasas.

5   Cocinar los guisados y sopas con un día de anticipación y refrigerarlos. La grasa que contengan subirá a la superficie y podrá retirarse con facilidad una vez que solidifique.

6   Usar leche descremada o baja en grasas siempre que sea posible. Elegir queso cottage o ricota en lugar de queso cremoso y crema agria.

7   Probar con el yogur natural bajo en grasas en lugar de la crema agria para la terminación de guisados. No recocinar, si no el yogur se cortará.

Como postre caliente fácil prueba plátanos al horno en jugo de naranja. Pele 4 plátanos y córtelos en tajadas gruesas. Dispóngalos en una fuente térmica, vierta encima el jugo de 1 naranja, rocíe con un poco de miel y espolvoree con canela molida a gusto. Tape y hornee a 180°C/350°F/Gas 4 por 10-15 minutos o hasta que los plátanos estén tiernos.

*Crutones de papas,
Sopa de poro y jamón*

Algo para celebrar

Recibir a la familia y a los amigos es uno de los grandes placeres de la vida. Sin embargo, no pocas veces, los que desean adelgazar se ven enfrentados con el problema de una comida que no se ajusta a un plan saludable. Aquí hallarán dos menúes que son lo suficientemente especiales como para servir en una celebración, y lo suficientemente saludables como para que ustedes también puedan disfrutar de ellos.

CENA ESTIVAL FESTIVA
*Ensalada de langostinos
salteados
*Pollo en paquetes
*Verdes salteados
con hojas de lima
Arroz blanco
o integral al vapor
*Peras asadas azucaradas
Helado de yogur bajo
en grasas

Si no encuentra mangos verdes, use en su lugar manzanas verdes bien ácidas. Los mangos maduros darían a la ensalada un sabor y una textura diferentes.

ENSALADA DE LANGOSTINOS SALTEADOS

702 kilojulios/167 calorías por porción – fibras: medio; grasas: bajo; 1,5 porción de carbohidratos

16 langostinos crudos, pelados
y desvenados, con las colas intactas
1 chile verde fresco, sin semillas
y cortado en fina juliana
$1/4$ taza/60 ml/2 fl oz de salsa de soja
reducida en sal
1 cucharada de miel
1 achicoria, las hojas separadas
1 radicchio, las hojas separadas
2 mangos verdes (no maduros),
cortados en tajadas finas
4 cucharadas de hojas de menta fresca
3 cucharadas de hojas frescas de cilantro
1 cucharada de azúcar morena
2 cucharadas de jugo de lima

1   Colocar en un recipiente los langostinos, el chile, la salsa de soja y la miel, revolver y marinar 5 minutos.

2   Disponer en los platos la achicoria, el radicchio, los mangos, la menta y el cilantro. Mezclar el azúcar y el jugo de lima y rociar la ensalada.

3   Calentar una sartén antiadherente a fuego alto, agregar los langostinos y saltear 2 minutos o hasta que estén cocidos. Disponerlos sobre la ensalada, verter encima los jugos de la sartén y servir de inmediato.

4 porciones

POLLO EN PAQUETES

780 kilojulios/186 calorías por porción – fibras: elevado; grasas: bajo; 0,3 porción de carbohidratos

Temperatura del horno
160°C, 325°F, Gas 3

Para cocinar arroz blanco en microondas, coloque 1 taza/220 g/7oz de arroz y 2 tazas/500 ml/16 fl oz de agua en un recipiente apto para microondas. Cocine, destapado, en MÁXIMO (100%) por 12-15 minutos o hasta que se absorba el líquido. Tape y deje reposar 5 minutos, luego revuelva con un tenedor. Si el arroz es integral, agregue 1 taza/250 ml/8 fl oz extra de agua y aumente el tiempo de cocción a 30-35 minutos.

*Páginas anteriores: Verdes salteados con hojas de lima, Pollo en paquetes
Derecha: Ensalada de langostinos salteados*

1 bulbo de hinojo, cortado en tajadas
4 jitomates perita, cortados en cuartos
4 pechugas de pollo pequeñas,
deshuesadas, sin piel
125 g/4 oz de hongos ostra
1 cucharada de mostaza en grano
$1/4$ taza/60 ml/2 fl oz de vino blanco

1   Cortar cuatro rectángulos de papel antiadherente; la medida de cada lado debe exceder la de las pechugas en por lo menos 10 cm/4 in. Sobre cada uno disponer algunas tajadas de hinojo, un jitomate perita, una pechuga de pollo y algunos hongos ostra.

2   Colocar la mostaza y el vino en un tazón y batir para integrar. Rociar el pollo con la mezcla, doblar el papel haciendo coincidir los lados largos y cerrar con pliegues en los bordes. Doblar hacia arriba los lados cortos para hacer los paquetes. Acomodarlos en una placa y hornear 20 minutos o hasta que el pollo esté tierno.

4 porciones

Verdes salteados con hojas de lima

289 kilojulios/69 calorías por porción – fibras: medio; grasas: bajo; 0,6 porción de carbohidratos

1 cucharadita de aceite de ajonjolí
3 cebollas de rabo, picadas
1 cucharada de jengibre fresco rallado grueso
4 hojas de lima kaffir, cortadas en hebras
2 cucharadas de azúcar morena
¼ taza/60 ml/2 fl oz de salsa de ostras
250 g/8 oz de bok choy (acelga china), picado
155 g/5 oz de ejotes cordón o comunes, picados
155 g/5 oz de chícharos dulces

4 porciones

1   Calentar el aceite de ajonjolí en una sartén antiadherente a fuego alto, añadir las cebollas de rabo y el jengibre y saltear 1 minuto. Agregar, sin dejar de revolver, las hojas de lima, el azúcar y la salsa de ostras y saltear 2 minutos.

2   Incorporar el bok choy, los ejotes y los chícharos y saltear 3-4 minutos o hasta que los vegetales tomen color verde brillante y estén tiernos pero aún crujientes.

La lima kaffir es un árbol cítrico oriundo del sudeste asiático. Las hojas, frescas o congeladas, se venden en las tiendas de comestibles orientales y en algunas verdulerías. Esta receta exige precisamente hojas frescas o congeladas, no secas. Si le resulta imposible conseguirlas, puede usar un poco de cáscara de lima finamente rallada.

Arriba: Peras asadas azucaradas
Derecha: Crumble de manzana
y arándanos

PERAS ASADAS AZUCARADAS

405 kilojulios/96 calorías por porción – fibras: medio; grasas: bajo; 1,5 porción de carbohidratos

**2 peras, peladas, cortadas en mitades
y sin los corazones
1 cucharadita de esencia de vainilla
3 cucharadas de azúcar morena**

1   Disponer las peras en una fuente térmica poco profunda. Pincelar con la esencia de vainilla y espolvorear con el azúcar.

2   Colocar en el grill precalentado y cocinar 2-3 minutos o hasta que se doren.

Sugerencia para servir: Disponer las peras en platos calientes, rociarlas con los jugos de la cocción y acompañar con helado de yogur bajo en grasas.

4 porciones

Otras frutas, como
duraznos, manzanas,
nectarinas y ciruelas,
también resultan deliciosas
si se cocinan de esta
manera.

CRUMBLE DE MANZANA Y ARÁNDANOS

1656 kilojulios/394 calorías por porción – fibras: elevado; grasas: medio; 5 porciones de carbohidratos

4 manzanas, sin los corazones y picadas
375 g/12 oz de arándanos frescos
o congelados
2 cucharadas de cáscara
de limón rallada fina
1 cucharadita de canela molida

CRUMBLE

1 ¹/₂ taza/140 g/4 ¹/₂ oz de avena en hojuelas
¹/₂ taza/90 g/3 oz de azúcar morena
30 g/1 oz de mantequilla, ablandada
¹/₂ taza/125 ml/4 fl oz de jugo de naranja

4 porciones

1   Ubicar las manzanas, los arándanos, la cáscara de limón y la canela en una fuente térmica y remover para combinar.

2   Para hacer el crumble, colocar en una procesadora la avena, el azúcar, la mantequilla y el jugo de naranja y procesar brevemente para integrar. Esparcir sobre las frutas y hornear 35 minutos o hasta que el crumble esté dorado y la fruta, tierna.

Sugerencia para servir: Acompañar con yogur bajo en grasas con sabor a miel.

REUNIÓN EN INVIERNO
*Brochetas de cordero
especiadas
*Cuscús con jitomate y menta
*Pimientos dulces salteados
*Crumble de manzana
y arándanos
Yogur bajo en grasas
con sabor a miel

Temperatura del horno
180°C, 350°F, Gas 4

BROCHETAS DE CORDERO ESPECIADAS

732 kilojulios/174 calorías por porción – fibras: bajo; grasas: medio; carbohidratos: insignificante

500 g/1 lb de carne de cordero, desgrasada
y cortada en tiras finas

MARINADA DE COCO Y CILANTRO

2 cucharadas de cilantro fresco picado
1 cucharada de curry rojo en pasta
$^1/_3$ taza/90 ml/3 fl oz de leche
de coco reducida en grasas

1   Ensartar las tiras de cordero en brochetas ligeramente aceitadas.

2   Para preparar la marinada, colocar en un bol el cilantro, el curry en pasta y la leche de coco y revolver para integrar. Pincelar el cordero con la mezcla y marinar 20 minutos.

3   Calentar una plancha antiadherente a fuego alto, acomodar en ella las brochetas y cocinar 1-2 minutos de cada lado o hasta que estén tiernas.

4 porciones

Las brochetas también pueden cocinarse en la barbacoa o en el grill precalentado.

CUSCÚS CON JITOMATE Y MENTA

773 kilojulios/184 calorías por porción – fibras: medio; grasas: bajo; 2,5 porciones de carbohidratos

1 $^1/_2$ taza/280 g/9 oz de cuscús
1 $^1/_2$ taza/375 ml/12 fl oz de caldo
de pollo caliente
3 cucharadas de jitomates secados
al sol, sin aceite
2 cucharadas de menta fresca, picada
4 cebollas de rabo, picadas

1   Colocar el cuscús en un bol térmico, verter encima el caldo, cubrir y dejar reposar 10 minutos o hasta que absorba el líquido.

2   Llevar una sartén antiadherente a fuego bajo, agregar el cuscús, los jitomates, la menta y las cebollas de rabo y cocinar, revolviendo, 7 minutos o hasta que todo esté bien caliente.

4 porciones

Este platillo fácil es un gran acompañamiento bajo en grasas para las comidas a la cacerola y guisos. Pruébelo, en lugar de puré de papas, como guarnición del cordero con membrillos de la página 41.

PIMIENTOS DULCES SALTEADOS

282 kilojulios/67 calorías por porción – fibras: medio; grasas: bajo; 0,5 porción de carbohidratos

1 cucharadita de aceite de ajonjolí
1 pimiento rojo, cortado en tiras finas
1 pimiento amarillo, cortado en tiras finas
3 cucharadas de salsa hoisin
2 cucharaditas de semillas de ajonjolí

1   Calentar el aceite en un wok o sartén antiadherente a fuego mediano, añadir los pimientos y saltear hasta que estén tiernos.

2   Agregar la salsa hoisin, revolver y cocinar 1-2 minutos más. Esparcir encima las semillas de ajonjolí y servir.

4 porciones

*Pimientos dulces salteados,
Brochetas de cordero especiadas
sobre Cuscús con jitomate y menta.*

Tiempo para un bocadillo

Los bocadillos bien planeados pueden ser parte de un plan de comidas sano, y a menudo pueden salvarlo de comer de más en otras ocasiones. La fruta fresca, los vegetales, los panes y el yogur bajo en grasas son excelentes bocadillos. Sin embargo, hay momentos en que uno desea darse un gusto: las recetas de este capítulo pueden muy bien ser la respuesta.

Bizcochos de avena y plátano

387 kilojulios/92 calorías por unidad – fibras: bajo; grasas: bajo; 1 porción de carbohidratos

Temperatura del horno
180°C, 350°F, Gas 4

Cuando están recién hechos, los bizcochos de avena son muy tiernos, pero a medida que se enfrían, se endurecen.

1 ½ taza/140 g/4 ½ oz de avena en hojuelas
½ taza/60 g/2 oz de harina
1 cucharadita de bicarbonato de sodio
²/₃ taza/100 g/3 ½ oz de azúcar morena
1 cucharadita de canela molida
2 plátanos maduros, hechos puré
60 g/2 oz de mantequilla
o margarina, derretida
1 cucharadita de esencia de vainilla

1   Dentro de un bol combinar la avena, la harina y el bicarbonato de sodio.

2   Disponer en otro recipiente el azúcar, la canela, los plátanos, la mantequilla o margarina y la esencia de vainilla y unir. Agregar la mezcla a los ingredientes secos e integrar todo.

3   Tomar cucharadas de la preparación, colocarlas sobre una placa forrada con papel antiadherente y hornear 10 minutos o hasta que se doren. Dejar los bizcochos en la placa 2-3 minutos y luego pasarlos con cuidado a una rejilla de alambre, para que se enfríen.

20 unidades

Pastelillos brownie

470 kilojoules/112 calorías por unidad – fibras: bajo; grasas: bajo; 1 porción de carbohidratos

Temperatura del horno
180°C, 350°F, Gas 4

Como postre o golosina bajos en grasas sirva estos pastelillos con fruta fresca y yogur natural bajo en grasas.

³/₄ taza/90 g/3 oz de harina
½ taza/45 g/1 ½ oz de cacao en polvo
½ cucharadita de polvo para hornear
1 taza/220 g/7 oz de azúcar
½ taza/100 g/3 ½ oz de yogur bajo
en grasas con sabor a vainilla
2 huevos
1 ½ cucharada de aceite
1 cucharadita de esencia de vainilla

1   Cernir juntos la harina, el cacao y el polvo para hornear y dejarlos caer en un bol. Agregar el azúcar, el yogur, los huevos, el aceite y la esencia de vainilla y mezclar bien.

2   Distribuir la preparación en moldes para pastelillos, forrados con pirotines, y hornear 15 minutos o hasta que estén firmes.

16 unidades

Muffins de frambuesas y lima

727 kilojoules/173 calorías por unidad – fibras: bajo; grasas: bajo; 2 porciones de carbohidratos

Temperatura del horno
190°C, 375°F, Gas 5

*Páginas anteriores: Pastelillos brownie, Muffins de frambuesas y lima,
Bizcochos de avena y plátano
Derecha: Bagels de plátano azucarados*

2 tazas/250 g/8 oz de harina leudante
½ taza/90 g/3 oz de azúcar morena
2 plátanos maduros, hechos puré
2 cucharaditas de cáscara
de lima rallada fina
1 taza/220 g/6 ½ oz de yogur
con sabor a vainilla
½ taza/125 ml/4 fl oz de leche
o buttermilk
1 huevo, ligeramente batido
30 g/1 oz de mantequilla
o margarina, derretida
1 taza de frambuesas frescas o congeladas

1   Combinar la harina y el azúcar dentro de un bol. Incorporar los plátanos, la cáscara de lima, el yogur, la leche o buttermilk, el huevo y la mantequilla o margarina y mezclar sólo hasta unir. Añadir las frambuesas y revolver para distribuirlas en forma pareja.

2   Repartir la preparación en doce moldes para muffins de 1/2 taza/125 ml/4 fl oz de capacidad y hornear 25-30 minutos o hasta que un palillo insertado en el centro salga limpio.

12 unidades

BAGELS DE PLÁTANO AZUCARADOS

971 kilojulios/231 calorías cada medio bagel – fibras: bajo; grasas: bajo; 3 porciones de carbohidratos

2 bagels frutados o simples, abiertos
¹/₂ taza/125 g/4 oz de ricota baja en grasas, escurrida
¹/₂ cucharadita de canela molida
2 cucharadas de jarabe de arce
2 plátanos, cortados en rodajas
azúcar morena

1   Disponer los bagels, con el corte hacia abajo, en el grill precalentado y tostarlos ligeramente.

2   Colocar la ricota, la canela y el jarabe de arce en una procesadora o licuadora y procesar hasta integrar. Untar con la mezcla el lado no tostado de los bagels, luego cubrir con las rodajas de plátanos y espolvorear con azúcar morena. Llevar de nuevo al grill 1-2 minutos o hasta que los plátanos se doren.

2-4 porciones

Los plátanos son un excelente bocadillo o postre para los que desean adelgazar y los que se preocupan por su salud. Pueden comerse crudos, sin preparación alguna; su sabor es muy agradable y son ricos en fibras, bajos en grasas y proteínas y ricos en minerales (en especial potasio y magnesio).

MOJO DE BERENJENAS Y AJO

136 kilojulios/32 calorías cada 2 cucharadas – fibras: mediano; grasas: bajo; 0,3 porción de carbohidratos

Temperatura del horno
220°C, 425°F, Gas 7

Para lograr un sabor
ahumado, ase las
berenjenas sobre la parrilla
de la barbacoa
precalentada hasta que las
pieles estén chamuscadas
y la pulpa, tierna.

2 berenjenas
2 cucharadas de menta fresca, picada
2 dientes de ajo, machacados
1 cucharadita de comino molido
³/₄ taza/155 g/5 oz de yogur
natural bajo en grasas
¹/₄ taza/60 ml/2 fl oz de jugo de limón
pimienta negra recién molida

1   Disponer las berenjenas en una asadera
y hornear 25 minutos o hasta que la piel esté
chamuscada y la pulpa, muy tierna. Dejarlas
enfriar hasta que sea posible tocarlas sin
quemarse, luego quitarles la piel.

2   Colocar en una procesadora la pulpa de
las berenjenas, la menta, el ajo, el comino,
el yogur, el jugo de limón y pimienta negra
a gusto y procesar hasta lograr una pasta lisa.

Sugerencia para servir: Acompañar con
pan chato o pan árabe (pita), tostados.

4 porciones

CASCOS CROCANTES DE PAPAS

1046 kilojulios/249 calorías por porción – fibras: elevado; grasas: bajo; 3 porciones de carbohidratos

Temperatura del horno
200°C, 400°F, Gas 6

Estos saludables cascos
de papas son estupendos
como bocadillo y muy
indicados como guarnición
de un plato principal.
No sólo saben delicioso
sino que, además, tienen
el beneficio adicional
de ser más bajos en grasas
y en sal que los productos
industriales similares.

4 papas grandes, limpias de impurezas
aceite en aerosol
salsa de chile dulce

MOJO DE YOGUR Y CILANTRO

¹/₄ taza/45 g/1 ¹/₂ oz de yogur natural
bajo en grasas
1 cucharada de cilantro fresco, picado
pimienta negra recién molida

1   Cocinar las papas en agua hirviente
6 minutos. Escurrir y cortar en cascos.

2   Disponerlos en una placa forrada
con papel antiadherente, rociar apenas
con aceite y hornear 15-20 minutos o hasta
que resulten crocantes y dorados.

3   Para preparar el mojo, colocar
el yogur, el cilantro y pimienta negra
a gusto en un tazón y mezclar para integrar.
Servir los cascos con el mojo y salsa
de chile dulce.

2-3 porciones

Mojo de berenjenas y ajo,
Cascos crocantes de papas

Postres astutamente buenos

Para muchos, una comida sin postre está incompleta. Sin embargo, éstos pueden ser la ruina de una dieta. La selección de postres de este capítulo aparenta ser mucho más indulgente de lo que realmente es. Recuerden respetar el tamaño sugerido de la porción y no tendrán problemas para incluirlos como parte de su plan de comidas para perder peso.

PASTEL FUDGE DE CHOCOLATE

767 kilojulios/183 calorías por porción – fibras: bajo; grasas: bajo; 2 porciones de carbohidratos

Temperatura del horno
160°C, 325°F, Gas 3

²/₃ taza/60 g/2 oz de cacao en polvo
²/₃ taza/170 ml/5 ¹/₂ fl oz de agua hirviente
4 yemas
1 taza/250 g/8 oz de azúcar
³/₄ taza/90 g/3 oz de harina, cernida
6 claras

Guarde la comida que le produce tentación dentro de envases herméticos, en el estante más alto de la alacena o en la parte trasera del refrigerador. Mejor aun, no compre golosinas ni bocadillos con elevado contenido de grasas a los que le resulte difícil resistirse.

1 Colocar el cacao en polvo en un tazón, agregarle el agua y revolver hasta que se disuelva.

2 Disponer en un bol las yemas y ¹/₂ taza/125 g/4 oz de azúcar y batir 5 minutos o hasta alcanzar un punto espeso y cremoso. Incorporar en forma alternada el cacao disuelto y la harina, mientras se une con suavidad.

3 En otro bol batir las claras hasta que formen copos blandos. Sin dejar de batir, añadir gradualmente el azúcar restante y seguir batiendo hasta que estén espesas y brillantes.

4 Con movimientos envolventes agregar las claras a las yemas. Verter la mezcla en un molde redondo forrado con papel antiadherente y hornear 25 minutos o hasta que el pastel se note firme al tacto.

Sugerencia para servir: Cortar el pastel en porciones y acompañar con coulis de frambuesas. Para hacer el coulis, colocar en una procesadora o licuadora 250 g/8 oz de frambuesas frescas o congeladas, descongeladas, y procesar hasta obtener un puré. Pasar por tamiz y descartar las semillas.

8 porciones

PANNA COTTA CON RUIBARBO

825 kilojulios/196 calorías por porción – fibras: medio; grasas: medio; 1,5 porción de carbohidratos

¹/₄ taza/60 ml/2 fl oz de agua
3 cucharadas de gelatina
¹/₂ taza/125 g/4 oz de azúcar
¹/₃ taza/90 ml/3 fl oz de crema
2 ¹/₂ tazas/600 ml/1 pt de buttermilk
2 cucharaditas de esencia de vainilla

RUIBARBO COCIDO CON LIMA

5 tallos de ruibarbo, picados
4 tiras de cáscara de lima
¹/₂ taza/125 ml/4 fl oz de jugo de naranja
azúcar a gusto

Para facilitar el desmolde, enjuague las cazuelitas con agua fría antes de llenarlas con la panna cotta.

1 Colocar el agua en una cacerola a fuego mediano y llevar a hervor suave. Agregar la gelatina y revolver para disolverla.

2 Añadir el azúcar y la crema, sin dejar de revolver, y calentar casi hasta punto de hervor. Retirar la cacerola del fuego y batir ligeramente mientras se incorporan la buttermilk y la esencia de vainilla. Repartir la mezcla en seis cazuelitas térmicas de ³/₄ taza/185 ml/6 fl oz de capacidad y refrigerar hasta que tome cuerpo.

3 Para preparar el ruibarbo, colocarlo junto con la cáscara de lima y el jugo de naranja en una cacerola a fuego mediano, tapar y cocinar 6 minutos o hasta que el ruibarbo esté tierno. Agregar azúcar a gusto y quitar la cáscara de lima.

4 Servir la panna cotta en las cazuelitas o desmoldada, en platos, y acompañar con el ruibarbo.

*Páginas anteriores: Panna cotta con ruibarbo,
Pastel fudge de chocolate
Derecha: Cheesecake de limón*

6 porciones

CHEESECAKE DE LIMÓN

573 kilojulios/136 calorías por porción – fibras: bajo; grasas: bajo; 1 porción de carbohidratos

2 tazas/500 g/1 lb de queso cottage
bajo en grasas, escurrido
1 taza/250 g/8 oz de ricota
baja en grasas, escurrida
¹/₃ taza/90 g/3 oz de azúcar
1 taza/200 g/6 ¹/₂ oz de yogur natural espeso
2 huevos
¹/₄ taza/30 g/1 oz de almidón de maíz
1 cucharada de cáscara
de limón, rallada fina

1   Colocar en una procesadora el queso cottage, la ricota, el azúcar, el yogur y los huevos y procesar hasta homogeneizar. Agregar el almidón de maíz y la cáscara de limón y seguir procesando hasta integrar.

2   Colocar la mezcla en un molde redondo de 23 cm/9 in y ubicarlo en una asadera con agua que llegue hasta la mitad de su altura. Hornear 45 minutos o hasta que la cheesecake se note firme al tacto. Dejar enfriar dentro del molde.

Sugerencia para servir: Cortar la cheesecake en porciones y acompañar con fruta fresca de estación.

10 porciones

Temperatura del horno
150°C, 300°F, Gas 2

Para una versión distinta de este delicioso postre, reemplace la cáscara de limón por cáscara de lima o de naranja.

CROCANTE DE DURAZNOS

881 kilojulios/210 calorías por porción – fibras: bajo; grasas: bajo; 2,5 porciones de carbohidratos

Temperatura del horno
180°C, 350°F, Gas 4

Comer despacio le da a su estómago más tiempo para enviar a su cerebro la señal de que usted ya está satisfecho. Coma bocados pequeños; mastique bien cada uno; coloque los cubiertos sobre la mesa entre bocados y apunte a ser el último en terminar de comer y no el primero.

aceite en aerosol
3 hojas de masa filo
2 cucharadas de azúcar
$^{1}/_{2}$ taza/125 g/4 oz de ricota
baja en grasas, escurrida
$^{1}/_{2}$ taza/100 g/3 $^{1}/_{2}$ oz de yogur bajo
en grasas con sabor a miel
1 cucharada de jugo de limón
3-4 duraznos frescos o 6-8 mitades
de duraznos en lata al natural,
escurridos, cortados en tajadas
$^{1}/_{4}$ taza/60 g/2 oz de azúcar
demerara o sin refinar

1 Rociar ligeramente con aceite cada hoja de masa, luego encimarlas y cortar en ocho rectángulos. Disponerlos en una placa forrada con papel antiadherente. Esparcir encima el azúcar y hornear 7-8 minutos o hasta que la masa esté crujiente y dorada.

2 Colocar la ricota, el yogur y el jugo de limón en una procesadora o licuadora y procesar hasta lograr una textura lisa. Distribuir la mezcla sobre los rectángulos de masa, luego cubrir con tajadas de durazno y espolvorear con azúcar demerara o sin refinar. Llevar al grill precalentado y cocinar 1 minuto o hasta que se derrita el azúcar. Para servir, hacer superponer dos crocantes. Servir de inmediato.

4 porciones

BUDÍN DE PAN CON PLÁTANOS

2092 kilojulios/498 calorías por porción – fibras: elevado; grasas: medio; 6 porciones de carbohidratos

8 rebanadas de pan frutado, sin corteza
3 plátanos, cortados en rodajas
¼ taza/60 g/2 oz de azúcar,
más 2 cucharadas extra
1 cucharadita de canela molida
2 ½ tazas/600 ml/1 pt de leche reducida
en grasas
3 huevos

1   En cuatro cazuelitas térmicas de
1 ¼ taza/315 ml/10 fl oz de capacidad
disponer capas alternadas de pan y plátanos.
Reservar.

2   Colocar en un bol ¼ taza/60 g/2 oz
de azúcar, la canela, la leche y los huevos y
batir hasta integrar. Verter sobre los plátanos
y el pan y ubicar las cazuelitas en una
asadera con agua que llegue hasta la mitad
de su altura. Espolvorear la superficie
de los budines con el azúcar extra y hornear
20-25 minutos o hasta que estén firmes.

4 porciones

Temperatura del horno
160°C, 325°F, Gas 3

*Arriba: Budín de pan
con plátanos
Izquierda: Crocante de
duraznos*

Plan de comidas para 14 días

ANÁLISIS NUTRICIONAL
El análisis nutricional diario
se basa en los siguientes
requerimientos y asegura
un plan equilibrado de
comidas apara adelgazar
Kilojulios   5000-6000
Calorías   1190-1429
Grasas   20 g
Proteínas   100-200 g
Carbohidratos
  Mujeres   120-150 g
  Hombres   150-180 g
Fibras   25-35 g

DÍA 1
553 kilojulios/1275 calorías
19 g de grasas; 77 g de proteínas; 194 g de carbohidratos;
25 g de fibras

DESAYUNO
1 tajada de melón cantaloupe
$^1/_2$ taza/100 g/3 $^1/_2$ oz de yogur natural bajo
en grasas
1 cucharada de salvado de trigo sin procesar

ALMUERZO
Ensalada preparada con 100 g/3 $^1/_2$ oz
de atún en lata al natural escurrido, rodajas
finas de pepino, lechuga, $^1/_2$ pimiento rojo,
alcaparras y 1 cucharada de aliño sin aceite
1 muffin de frambuesas y lima (pág. 68)

CENA
Ensalada de jitomates marinados (pág. 24)
Penne con salsa de pimiento (pág. 24)
Ensalada verde con limón (pág. 42)
Strudel de manzana y ricota (pág. 25)

DÍA 3
5151 kilojulios/1226 calorías
22 g de grasas; 79 g de proteínas; 186 g de carbohidratos;
32 g de fibras

DESAYUNO
$^3/_4$ taza/30 g/1 oz de hojuelas de cereal para
desayuno con 2 cucharadas de salvado de
avena o cebada y leche descremada o baja
en grasas
1 plátano

ALMUERZO
1 pan árabe (pita) integral con 30 g/1 oz de
cordero frío o carne de res, lechuga cortada
en juliana, tabbouleh y remolacha
Ensalada de fruta fresca con yogur bajo en
grasas y semillas de amapola

CENA
Tortillas de carne con salsa (pág. 35)
1 fruta fresca

DÍA 2
4963 kilojulios/1182 calorías
22 g de grasas; 81 g de proteínas; 163 g de carbohidratos;
27 g de fibras

DESAYUNO
1 naranja en gajos
1 huevo escalfado o pasado por agua
1 rebanada de pan integral, tostada
y ligeramente untada con margarina
o un sustituto bajo en grasas

ALMUERZO
1 panecillo integral con corteza relleno con
30 g/1 oz de pollo frío (sin piel), lechuga,
pepino y zanahoria rallada
1 fruta fresca

CENA
Pescado marinado con lima (pág. 48)
Puré de camote (pág. 48)
Verduras al vapor con lima (pág. 48)
1 taza/200 g/6 $^1/_2$ oz de yogur de fruta bajo
en grasas

DÍA 4
5289 kilojulios/1259 calorías por porción
13 g de grasas; 87 g de proteínas; 195 g de carbohidratos;
24 g de fibras

DESAYUNO
$^1/_2$ pomelo
1 rebanada de pan multicereal, tostada, con
30 g/1 oz de queso cottage bajo en grasas
y rebanadas de jitomate
Licuado de leche descremada o baja en
grasas, berries a elección y miel

ALMUERZO
1 jarro de sopa clara de verduras
1 papa asada en camisa con queso cottage
bajo en grasas, 1 lonja (20 g/$^3/_4$ oz) de jamón
reducido en grasas y en sal y cebollín
Ensalada de lechugas surtidas
1 taza/200 g/6 $^1/_2$ oz de yogur de fruta bajo
en grasas

CENA
Ensalada de pollo y cuscús (pág. 51)
Pan chato calentado
Helado bajo en grasas y fruta fresca

RACIÓN DIARIA PERMITIDA
Cada día usted tiene
permitida una ración de
leche y grasas como la
que sigue:
Leche: 315 ml/10 fl oz de
leche baja en grasas
(light/lite) o 450 ml/15 fl oz
de leche descremada
para consumir con té,
café, bebidas que lleven
leche, con el cereal y en
la preparación de comidas
Grasas: 1 cucharada de
aceite (cualquier tipo),
más 1 cucharada de
margarina o mantequilla
(o 2 cucharadas
de sustituto bajo en grasas)
para untar y cocinar.

DÍA 5

4751 kilojulios/1131 calorías
22 g de grasas; 72 g de proteínas; 144 g de carbohidratos;
24 g de fibras

DESAYUNO
1 tajada de melón cantaloupe
1 panecillo de salvado, cubierto con
20 g/³/₄ oz de queso cheddar bajo en grasas
y gratinado

ALMUERZO
1 panecillo integral crujiente, untado
con un poco de mayonesa sin grasa y relleno
con 45 g/1 ¹/₂ oz de salmón en lata al natural
y coleslaw
1 fruta fresca

CENA
Pimientos rellenos (pág. 44)
Pescado al horno a la siciliana (pág. 44)
Ensalada tibia de papas (pág. 20)

DÍA 6

4671 kilojulios/1112 calorías
16 g de grasas; 63 g de proteínas; 178 g de carbohidratos;
32 g de fibras

DESAYUNO
¹/₂ pomelo
1 barrita de cereal integral con 2 cucharadas
de salvado de avena o cebada y leche
descremada o baja en grasas
1 rebanada de pan multicereal, tostada
y ligeramente untada con margarina
o un sustituto bajo en grasas

ALMUERZO
1 jarro de sopa clara de verduras
¹/₂ taza/125 g/4 oz de legumbres en lata
reducidas en sal, servidas sobre 1 rebanada
de pan integral tostada y sin untar

CENA
Sopa de poro y jamón (pág. 56)
Crutones de papas (pág. 56)
Plátanos al horno en jugo de naranja (pág. 56)

DÍA 7

5116 kilojulios/1218 calorías
16 g de grasas; 90 g de proteínas; 176 g de carbohidratos;
24 g de fibras

DESAYUNO
1 tajada de melón rocío de miel o cantaloupe
60 g/2 oz de müsli sin tostar con leche
descremada o baja en grasas

ALMUERZO
1 burger de carne magra de res
(100 g/3 ¹/₂ oz) servido sobre ¹/₂ panecillo
integral tostado o bollo de hamburguesa
y cubierto con jitomate, lechuga en juliana,
remolacha y pepino
1 pera o manzana

CENA
Pollo con ajonjolí y miel (pág. 12)
Fideos de soja con verduras (pág. 12)
Fruta tropical fresca

DÍA 8

4717 kilojulios/1123 calorías
23 g de grasas; 50 g de proteínas; 176 g de carbohidratos;
32 g de fibras

DESAYUNO
1 cuenco de ensalada de fruta fresca
¹/₂ panecillo de salvado, tostado y ligeramente
untado con mantequilla de cacahuate

ALMUERZO
1 sándwich de pan integral con 60 g/2 oz de
jamón reducido en grasas y en sal, lechuga,
pepino, zanahoria rallada y brotes de soja
1 fruta fresca

CENA
Sopa de garbanzos y espinaca (pág. 54)
Scones de albahaca (pág. 54)
Bizcochos de avena y plátano (pág. 68)

DÍA 9

5079 kilojulios/1209 calorías
14 g de grasas; 59 g de proteínas; 197 g de carbohidratos;
27 g de fibras

DESAYUNO
1 tajada de melón cantaloupe o papaya
1 huevo duro o escalfado
1 tajada gruesa de pan multicereal, tostada
y untada ligeramente con margarina o un
sustituto bajo en grasas

ALMUERZO
1 cuenco de pasta integral con salsa
de jitomate
Ensalada verde con aliño sin aceite
2 kiwis o mandarinas pequeños

CENA
Ensalada thai de calamares (pág. 19)
Fideos de arroz con salsa de soja (pág. 19)
Fruta fresca con sorbete de limón

BOCADILLOS BAJOS EN GRASAS
Elija por día 2-3 de estos
bocadillos bajos en grasas:
• 1 fruta fresca
• ¹/₂ taza/100 g/3 ¹/₂ oz
de fruta en lata en almíbar
liviano
• bastones de vegetales
frescos como zanahorias,
apio o pimientos rojos,
verdes o amarillos
• jitomates
• vegetales frescos crudos
o apenas cocidos
• vegetales en lata como
espárragos o remolacha
• 3-4 panecillos crujientes,
solos o untados con grasas
de la ración diaria permitida
• 1 rebanada de pan
integral o multicereal
o 1 tostada, solos
o untados con grasas de la
ración diaria permitida
• sopa dietética
• queso cottage bajo en
grasas
• helado bajo en grasas
yogur bajo en grasas
o dietético
• Opciones de la lista
de comidas de consumo
libre de la página 6
• Bizcocho de avena
y plátano (pág. 68)
• Pastelillo brownie
(pág. 68)
• Muffin de frambuesas
y lima (pág. 68)
• ¹/₂ bagel de plátano
azucarado (pág. 69)
• Mojo de berenjenas
y ajo (pág. 70) con una
rebanada de pan
a elección
• Cascos crocantes de
papas con mojo de yogur
y cilantro (pág. 70)

Los que desean adelgazar
pueden elegir entre las
siguientes bebidas: té,
café, leche descremada
o baja en grasas, agua
helada, agua mineral,
soda o bebidas sin alcohol
dietéticas.

DÍA 10

4629 kilojulios/1102 calorías
23 g de grasas; 69 g de proteínas; 154 g de carbohidratos;
28 g de fibras

DESAYUNO
1 vaso de jugo de jitomate
1 rebanada de pan multicereal, tostado
y cubierto con 2 mitades de jitomate asado
y cebollín fresco

ALMUERZO
1 sándwich de pan integral tostado con
30 g/1 oz de queso cheddar reducido en
grasas y rodajas de jitomate
1 fruta fresca

CENA
Pastel especiado de cordero y pasta (pág. 26)
Tabbouleh de espinaca (pág. 26)
Pastellillos brownie (pág. 68)

DÍA 11

5206 kilojulios/1240 calorías
18 g de grasas; 101 g de proteínas; 166 g de carbohidratos;
24 g de fibras

DESAYUNO
$^1/_2$ cuenco de avena en hojuelas caliente,
con 2 cucharadas de salvado de cereales,
2 cucharadas de azúcar morena y leche
descremada o baja en grasas
1 plátano

ALMUERZO
1 kebab de pollo asado o cerdo con ensalada
envuelta en un pan árabe (pita) integral
pequeño
1 fruta fresca

CENA
Pollo cajun con salsa (pág. 36)
Pan de maíz (pág. 36)
Helado bajo en grasas y fruta fresca

DÍA 12

5698 kilojulios/1357 calorías
31 g de grasas; 90 g de proteínas; 180 g de carbohidratos;
33 g de fibras

DESAYUNO
1 huevo, ligeramente revuelto
1 rebanada de pan multicereal, tostada
1 fruta fresca

ALMUERZO
1 jarro de caldo claro de res
1 presa de pollo a la parrilla (sin piel) con

una porción pequeña de coleslaw
(100 g/3 $^1/_2$ oz) y 1 elote
1 fruta fresca

CENA
Minestrone de mariscos (pág. 50)
1 muffin de frambuesas y lima (pág. 68)

DÍA 13

5327 kilojulios/1268 calorías
17 g de grasas; 91 de proteínas; 180 g de carbohidratos;
25 g de fibras

DESAYUNO
1 licuado de plátano (pág. 49)
$^2/_3$ taza/30 g/1 oz de hojuelas de salvado
$^1/_2$ taza/125 g/4 oz de leche descremada
o baja en grasas

ALMUERZO
1 sándwich de pan de salvado alto en fibras
con 30 g/1 oz de cordero magro frío o carne
de res, rodajas de jitomate y un poco de
aderezo de jitomate
1 fruta fresca

CENA
Mojo de pepino y yogur (pág. 40)
Pan sin levadura (pág. 40)
Cordero con membrillos (pág. 41)
Ejotes con salsa de jitomate (pág. 40)
Puré de papas

DÍA 14

5059 kilojulios/1205 calorías
13 g de grasas; 81 g de proteínas; 190 g de carbohidratos;
26 g de fibras

DESAYUNO
1 tajada de melón rocío de miel o cantaloupe
2 panecillos integrales, tostados y ligeramente
untados con margarina o un sustituto bajo
en grasas (si se desea) y cubiertos con
$^1/_2$ taza/125 g/4 oz de legumbres en lata
reducidas en sal

ALMUERZO
1 sándwich de pan multicereal, untado con
un poco de mayonesa sin aceite y relleno
con 60 g/2 oz de atún en lata al natural,
apio picado y cebolla

CENA
Paella (pág. 42)
Ensalada verde aliñada con vinagre de jerez
o un aliño sin aceite
Ensalada de naranja (pág. 42)

ÍNDICE